케이팝,
이상한 나라의 아이돌

케이팝, 이상한 나라의 아이돌

1판 1쇄 인쇄 2025. 9. 2.
1판 1쇄 발행 2025. 9. 15.

지은이 전다현

발행인 박강휘
편집 이복규 | 디자인 지은혜 | 마케팅 정희윤 | 홍보 이수빈
발행처 김영사
등록 1979년 5월 17일(제406-2003-036호)
주소 경기도 파주시 문발로 197(문발동) 우편번호 10881
전화 마케팅부 031)955-3100, 편집부 031)955-3200 | 팩스 031)955-3111

저작권자 ⓒ 전다현·㈜일요신문사, 2025
이 책은 저작권법에 의해 보호를 받는 저작물이므로
저자와 출판사의 허락 없이 내용의 일부를 인용하거나 발췌하는 것을 금합니다.

값은 뒤표지에 있습니다.
ISBN 979-11-7332-338-6 03300

홈페이지 www.gimmyoung.com   블로그 blog.naver.com/gybook
인스타그램 instagram.com/gimmyoung   이메일 bestbook@gimmyoung.com

좋은 독자가 좋은 책을 만듭니다.
김영사는 독자 여러분의 의견에 항상 귀 기울이고 있습니다.

▶▶ ▶ ▶▶

케이팝,
이상한 나라의 아이돌

상품으로 소모되는 아이들에 대하여

전다현

김영사

일러두기

1 단행본, 정기간행물, 앨범은 《 》로, 노래, 영화, 드라마, 대회, 법령 등은 〈 〉로 표기했습니다. 예외적으로 〈부록〉의 표준 부속합의서는 원문에 따라 법령을 「 」로 표기했습니다.

2 인명, 지명, 작품명 등의 외래어는 국립국어원 표기법을 따르되 몇몇 경우는 관용적 표현을 참고했습니다.

3 일부 맞춤법은 저자의 표현 및 인용된 원문을 따랐습니다.

4 나이의 경우 '만 나이' 기준으로 표기했습니다.

5 본문에 인용한 표준계약서 등은 2025년 9월 기준으로 가장 최근의 것입니다.

6 본문에서 언급한 사례는 개인정보 보호를 위해 개인정보와 상황적 요인을 일부 변경 및 각색했습니다.

7 저작권 허락을 받지 못한 일부 인용 구절에 대해서는 추후 저작권이 확인되는 대로 절차에 따라 계약을 맺고 저작권료를 지불하겠습니다.

케이팝 산업의 찬란함 뒤편에서

지금도 일하고 있는

아이들에게 경의를 보냅니다.

프롤로그

'황금알 낳는 거위'는 과연 행복했을까

○○아, 가수가 하고 싶어?

고등학교 시절, 크게 인기를 끈 아이돌 프로그램에서 한 트레이너가 출연자인 연습생에게 한 말이다. 이 프로그램은 여느 아이돌 오디션과 같이 어린아이들이 나왔다. 데뷔를 위해 밤을 새워 연습하고, 혼나고, 울고, 다투는 과정이 자극적으로 방송에 담겼다. 친구들은 열광했지만, 이상하다는 감정을 지우기 어려웠다. 학생인권조례가 자리 잡고, 체벌이 금지되며 아동 인권이 강조되는 사회에서 먹지도, 잠을 자지도 못하고 울면서 혼나는 아이들이 방송에 나오는 모습에 사람들은 박수를 보냈다. 좋아하는 아이돌이 연습생 시절에 벌받는 장면에도 반응은 비슷했다. 당연히 오래 유지되지는 못할 시스템이라고 생각했다.

하지만 예상은 빗나갔다. 케이팝K-pop은 한국의 대표 산업이 됐고, 특히 방탄소년단(이하 BTS), 블랙핑크의 성공은 국내외에서 엄청난 파급력을 일으켰다. '케이팝 아이돌 데뷔는 곧 글로벌 데뷔'라는 말은 더 이상 낯설지 않다. 단순히 산업의 영역을 넘어 세계의 주요 문화로 자리 잡았다.

케이팝이 가진 잠재적 브랜드 가치는 측정하기조차 어렵다. 한 국내 엔터사 대표는 "한국에서는 유독 무형의 가치를 중시하지 않는 경향이 있다"며, "눈에 보이는 기술 산업보다 문화 산업이 가진 잠재력이 훨씬 크다"고 설명했다. 그는 영국의 '해리 포터'나 미국의 '할리우드'를 예로 들며, 문화 산업이 국가 경제의 핵심이 되는 구조야말로 강대국의 특징이라고 말했다. 최근 한국에서도 엔터 산업에 뛰어드는 기업들이 점점 늘고 있는 것도 같은 맥락이다.

케이팝 성공은 '아이돌'뿐 아니라, 이들을 길러내는 육성 시스템까지 조명하게 했다. 하이브, JYP엔터테인먼트(이하 JYP) 등 대형 기획사들은 한국식 아이돌 육성 시스템을 수출하겠다고 선언했고, 미국 현지에서 아이돌을 데뷔시키는 등 공격적 해외 진출을 시작했다.

연일 케이팝의 '장밋빛 전망'이 보도됐다. 간혹 서구권에서 한국의 '혹독한 시스템'에 대한 비판이 제기되기도 했지만, 국내에서는 이 문제가 관심의 대상은 아니었다.

아이돌은 점점 어려지고 있다. 초등학생 연습생, 심지어는 초등학생 아이돌을 볼 수 있다. 이들의 노동은 노동으로도, 대등한 투자 관계로도 취급되지 않는다. 그렇다고 '아동'으로서 보호받지도 못한다.

산업의 외형이 커진 만큼 구조적 문제도 커졌다. '지금은 케이팝의 위기'라는 말이 나온다. 세계적으로 인기를 얻은 BTS와 블랙핑크 이후 그만한 다음 그룹이 나올지 회의적인 시각도 있다.

한국식 육성 시스템이 해외에서 그대로 작동할 수 있을지도 의문이다. 특히 유럽과 미국은 케이팝 아이돌의 '혹독한' 육성 방식에 비판의 시각이 강한 만큼 한국식 시스템을 현지화하는 것은 빼놓을 수 없는 과제다.

앞으로 살펴보겠지만 아이돌의 노동환경은 10년 전과 크게 달라진 게 없다. 2025년 대한민국 노동법에 이들을 맞출 필요가 없는 것은, 아이돌이 법적으로 '노동자'가 아니기 때문이다. 그렇다고 동등한 부자사로 여겨지지도 않는다.

일명 '동방신기 사태'로 불거진 노예계약 논란은 2009년의 일이지만, 아이돌 세계에서 계약 문제는 여전히 유효한 논쟁이다. 아이돌들이 방송에서 "(알고 보니) 회식비도 우리가 냈다"거나 "뮤직비디오 제작비가 얼마였는지도 몰랐다"고 말하는 현실은 불공정한 구조를 단적으로 보여준다.

화려한 스포트라이트를 받는 아이돌의 생활은 많은 부분이 아직 베일에 싸여 있다. 어떻게 트레이닝받는지, 계약 조건은 어떠한지, 수익은 어떻게 정산하는지 같은 실질적이고 중요한 내용은 아이돌 자신조차 제대로 모르는 경우도 여전히 많다.

케이팝은 산업이 됐지만, 핵심 노동자이자 자산인 아이돌은 연예계에서 '상품'으로만 취급됐다. 어린 나이부터 연습 생활을 해온 아이돌의 신체적·정신적 건강은 안녕할까. 이런 문제의식에서 이 책은 출발했다. 케이팝, 이대로 괜찮을까?

본격적 취재는 2024년 4월부터 시작됐다. 한국언론진흥재단 기획취재 지원사업에 선정된 이후, 국내뿐 아니라 미국, 일본, 스웨덴 등 해외 현장을 직접 찾았다. 〈비즈한국〉에서 같은 해 7월부터 9월까지 〈K팝: 이상한 나라의 아이돌〉 기사 시리즈를 연재했다. 연재가 끝난 후에도 취재는 2025년까지 이어졌다.

한 연예계 관계자는 "아이돌 연습생을 뽑는 연령대는 원래도 어렸지만, 요즘은 더 어려졌다. 최근에는 '초등학생'을 뽑는 추세라고 한다. 마지노선이 중학생이다. 시스템이 고도화하면서 어릴 때 선별해야 잘 트레이닝시킬 수 있다는 것이다. '학교폭력'에 발을 들여놓을 나이가 되기 전에 뽑자는 분위기도 있다"고 설명했다.

댄스 학원 대표는 "국내 기획사와 합작해 오디션을 열거나 수강생들을 추천하기도 한다. 기획사의 요구사항은 노래나 춤에 재능이 있는 아이를 뽑아달라는 게 아니다. 나머지는 자기들이 다 만들 수 있으니 얼굴이랑 체격, 비율만 봐달라고 한다"고 증언했다.

이렇게 연습생을 뽑아 훈련하는 과정에서 수많은 '아이들'이 몸과 마음의 건강을 잃고 괴로움을 호소하고 있었다.

연재 이후, 케이팝 아이돌의 '노동권'과 '인권' 문제는 수면 위로 떠올랐다. 국회에서 직장 내 괴롭힘을 호소하거나, 소속사 직원으로부터 아동 학대를 당했다고 폭로한 아이돌 사례도 나왔다. 플랫폼이 다양해지면서 아이돌을 향한 '역바이럴 reverse viral marketing'의 심각성도 대두했다.

  이 책은 연재 기사들을 바탕으로, 케이팝 육성 시스템의 현실을 진단하고 가능한 대안을 모색하기 위해 썼다. 해외 사례와 국내의 실험적 시도를 함께 살펴보며, 지금보다 나은 구조를 상상해보고자 한다.

차례

프롤로그 '황금알 낳는 거위'는 과연 행복했을까 • 7

▶ **1 연습생** ○ 아이돌을 꿈꾸다 병드는 아이들

건강보다 다이어트, 잠보다 연습 • 19
엔터테인먼트에는 교육자가 없다 • 28
부모에겐 아이돌 이전에 아이들 • 39
'연습생'이 되기 위한 아이돌 학원 • 53
"열여섯 넘으면 고령" 연습생의 시간은 거꾸로 간다 • 65

▶ **2 아이돌** ○ 돈을 거는 사업가, 인생을 거는 아티스트

아이돌도 노동조합이 필요하다 • 77
케이팝의 황금광 시대 • 86
표준계약서는 정말 공정할까 • 94
톱스타도 당하는 '깜깜이 정산' • 102
팬덤은 왜 '악플' 대응에 나섰을까 • 110

3 시선 ○ 국경을 넘는 케이팝

아이돌 육성 시스템, 미국에서 받아들여질까 • 125
최초의 '전원 외국인 그룹'이 던진 질문 • 139
현지화를 둘러싼 동상이몽 • 153
스웨덴 작곡가들이 케이팝을 선호하는 이유 • 172
아이돌 원조, 일본 가수들이 바라보는 케이팝 • 187

4 대안 ○ 지속 가능한 산업을 위하여

엔터테인먼트, '산업'이 돼라 • 199
스웨덴을 음악 강국으로 만든 토양 • 205
'기획'을 넘어 '자생하는' 아티스트 • 212
공교육이 케이팝을 키울 수 있을까 • 224
똑같은 성공 공식 벗어나기 • 232
종사자를 배출하는 전문 교육 • 242
'공장형 시스템'을 바꾸려는 정치권의 공감대 • 253

에필로그 모든 이들의 용기와 목소리가 모인다면 • 262
부록 표준계약서 독소조항 파헤치기 • 267

K-POP,
IDOLS IN
WONDERLAND

1.
연습생

아이돌을 꿈꾸다
병드는 아이들

건강보다 다이어트, 잠보다 연습

"여자 연습생 열 명 중 여덟 명은 월경을 안 해요." 엔터사 신인개발팀 관계자의 말이다. 오전 5시에 일어나서 새벽 2시에 귀가하는 삶. 다이어트를 위해 일주일 동안 물만 마시는 아이들이 엔터테인먼트 왕국에는 넘쳐난다.

대부분은 월경을 안 하죠. 한창 자랄 시기에 안 먹고 운동만 하니까요. '건강하게' 다이어트하는 시스템은 여기에 없습니다. 무조건 목표 지점을 달성하라고 시키죠. 월경을 안 하면 아이들은 오히려 좋아합니다. 편하니까요. 학교를 안 가는 어린 여자아이들은 월경을 안 한다는 사실을 아무렇지 않게 생각합니다. 여기서 성교육을 해주지는 않거든요.

많은 소속사에서 미성년자 아이들에게 성형을 '권유'한다. 소속사들은 '협찬'으로 성형을 시켜주었고, 얼마나 많은 협찬을 받느냐에 따라 소속사의 '급'이 정해졌다.

　"네가 선택했잖아." 모든 문제는 이 한마디로 해결됐다. 현업에 있는 엔터테인먼트 종사자들도, 수년간 연습생을 하며 몸과 정신이 망가진 아이들도, 전직 아이돌들도 여기서 일어나는 모든 문제는 본인의 '선택' 때문이라고 자책한다. 선택의 결과는 가혹했다. 다이어트약을 오래 복용해 정신건강이 크게 악화되거나 각종 장애를 앓는 이들도 많다. '아이돌'이 아니었다면 '아동 학대' '아동 착취' '가스라이팅' '성 상품화' 등으로 아주 쉽게 명명될 만한 일들도 여기서는 너무나 '당연한' 일이다.

　"전날보다 몸무게가 조금이라도 많이 나오면 집에 갈 수 없었어요. 목표 몸무게가 될 때까지 직원들이 보는 앞에서 벌을 서야 했습니다. 이 생활이 반복되다 보니 조금만 먹어도 입원해야 할 지경이었죠. 장염을 달고 살았습니다." 7년간 연습생이었던 A 씨는 이렇게 회상했다.

　몸과 마음이 아픈 아이들이 넘쳐나지만, 이들을 돌봐주는 사람은 없다. 이 왕국은 학교도, 회사도 아니기 때문이다. 엔터사는 학교가 아니기 때문에 돌봄의 의무가 없다. 노동자성이 인정되지 않는 연습생은 회사와 '고용'관계도 아니다. 연습도 시키고 벌도 주지만, 노동법을 지켜야 할 의무는 없다.

몸이 아파도 연습은 계속됐다

실제 연습생, 아이돌의 생활은 어떨까? 서연(가명)은 회사에서 연습 중 쓰러졌지만, 병원에 갈 수 없었다고 증언한다.

연습생이라면 몸이 아파도 회사에서 정한 일정을 소화해야 했습니다. 당시 미성년자였지만, '자기 관리는 실력'이라는 말이 당연시됐거든요. 그래서 아무리 아파도 회사 수업을 듣고 연습했습니다. 한번은 쓰러진 적이 있는데 병원을 보내주지는 않았습니다. 물 한 잔 마실 수 있을 뿐이었죠.

아윤(가명)은 아이돌 생활이 끝난 뒤 몸에 이상이 있다는 사실을 깨달았다.

대부분의 음악방송, 연습은 새벽 시간에 이루어집니다. 다이어트를 위해 밥도 제대로 먹지 않았죠. 다이어트약을 먹은 적도 있습니다. 그래서 그런지 월경주기가 계속 불규칙

해졌고, 몇 달간은 월경을 하지 않은 적도 있습니다. 당시에는 이것이 문제인지 전혀 인지하지 못했습니다.

시우(가명)는 작은 소속사에서 데뷔했다.

체계가 없는 회사였습니다. 때로는 제가 직접 회사 업무를 하거나 스케줄을 잡아야 할 때도 있었죠. 직원 수가 적었을 뿐 아니라 계속 바뀌었습니다. 어느 날은 매니저라는 사람이 와서 운전하는데 너무 불안해하더라고요. 알고 보니 '무면허' 운전이었습니다.

이현(가명)은 아이돌 생활 중 '자유'가 없었다고 말한다.

아이돌은 회사가 만들어내는 상품이기에 정해진 콘셉트로만 활동할 수 있었습니다. 회사와의 소통도 원활하지 않았습니다. 이런 상황에서 계속 다이어트를 했고, 결국 건강에도 이상이 생겼습니다. 몸이 아파 더는 활동하기 어려운 지경에 이르렀어요.

도윤(가명)은 소속사 직원에게 성추행을 당한 경험을 털어놓았다.

말로 하는 성희롱은 일상이었고, 신체 부위를 만지는 추행도 있었습니다. 한번은 이 사실을 다른 직원에게 이야기한 적이 있는데, 저만 이상한 애가 되더라고요. '데뷔'를 하기 위해서는 아무리 부당한 일을 당해도 참을 수밖에 없었습니다.

미성년자였던 서윤(가명)은 클럽 무대에 올랐던 경험을 고백했다.

미성년자였지만 클럽 무대에 오른 적도 있습니다. 그래도 그나마 무대에 섰을 때가 가장 행복했습니다. 작은 방 하나에 멤버들이 다 함께 살면서 외출도 하지 못했거든요. 당연히 핸드폰은 없었고요. 행사가 생기면 '밖으로 나갈 수 있다'는 기대감에 행복했습니다.

"문제는 공인된 시스템 자체가 없다는 거죠"

최근 몸과 마음이 아파 '활동 중단'하는 아이돌이 늘고 있다. 잦아진 빈도수만큼 대중도 대수롭지 않은 일로 여긴다. 그렇게 아프다 은퇴한 아이돌은 무엇을 할 수 있을까?

걸그룹 브레이브걸스 출신 노혜란 씨는 열네 살 어린

나이에 연습생 생활을 시작해 3년 반 만에 가수의 꿈을 이뤘다. 그러나 통제된 생활 속에서 몸과 마음을 다쳤고, 7년 계약 기간이 끝난 뒤 그룹을 나왔다. 혜란은 아픈 몸과 정신을 더 이상 연장할 수 없었다. 난생처음 다른 일로 돈을 벌었다. 치킨집 매니저부터 백화점 고객 응대, 브랜딩, 영상제작사 경험까지. 혜란의 인생에서 '다른 일'을 하는 사람들을 처음 만났다.

사람들을 만나면 "어떤 이유로 살아가세요?"라고 물었어요. 저는 아이돌 생활만 해서 다른 사람들은 어떤 생각으로 사는지 정말 궁금했거든요. 어떤 꿈을 꾸고, 왜 하고 계신 직업을 가졌는지 물었어요. (…) 처음에는 다른 일을 하는 게 너무 재밌었죠. 그래도 가수 일이 계속 생각나더라고요.

애초부터 혜란의 꿈은 자신의 앨범을 직접 연출하는 가수가 되는 것이었다. 그래서 그룹을 탈퇴한 뒤 연출부터 뮤직비디오 조감독까지 두루 경험했다. 결국 혜란은 자신의 앨범을 제작하기로 결심했다. 소속사가 없고, 아이돌이 아니어도 '음악'을 할 수 있다는 걸 보여주고 싶었다. 녹음실 대여부터 스타일링까지 모두 '자비'가 들어갔다.

꿈을 꾸기에 두려운 자신에게
용기 있게 꿈을 꾸는 너에게
한 발짝 더 다가갈 수 있기를*

2024년 10월, 그의 앨범 《0 1 2 3》이 세상에 나왔다. 소속사가 기획한 '아이돌'이 아닌 스스로 기획한 '아이돌'의 것이었다. 자신과 같은 꿈을 꾸는 이들에게 하고 싶은 말을 앨범에 담았다.

이 프로젝트를 꼭 성공하고 싶어요. "네가 꿈을 놓는 순간 꿈이 끝난 거지, 네가 놓지 않으면 꿈은 끝난 게 아니다"라고 말하고 싶었어요.

음악이 하고 싶어 아이돌이 됐지만, 이전의 혜란은 하고 싶은 음악을 하지 못했다. 춤도 마찬가지였다.

아티스트라고 말은 하지만, 제 의견이 반영될 수 있는 구조는 아니었습니다. 지금은 춤도 노래도 모두 제가 결정합니

---

*   혜란의 앨범 제작 크라우드펀딩 소개 글 일부.

다. 이제 제 삶을 제가 선택해서 살 수 있다는 것에 정신적 자유를 느끼고 있습니다.

비로소, 혜란은 정신적 자유를 찾았다.

단순히 음악을 계속하고 싶었을 뿐인데, 앨범을 제작하는 데만 3년이 걸렸습니다. 제가 하나하나 모든 과정에 다 참여했는데, 느끼는 것이 정말 많습니다. 이 일은 많은 사람의 도움이 필요하고, 큰돈이 들어가는 하이리스크high risk 사업이에요. 그런 분들이 없었으면 아이돌이 만들어질 수 없었죠. 한편으로는 이렇게 폐쇄적이고 압박이 강하기 때문에 성과를 내지 않았을까 하는 생각도 들었습니다.

혜란은 아이돌 육성 시스템이 '공식화'돼야 한다고 말한다.

제가 겪은 문제는 저희 회사만의 문제는 아니었습니다. 오히려 저희 소속사는 업계에서 대우나 평판이 좋은 편이었어요. 문제는 공인된 시스템 자체가 없다는 거죠. 대형 기획사에서도 숙소에 들어오지 않으면 벌금 1,000만 원을 내게 하거나 벌을 주는 경우가 있었습니다. 아이돌 생활을 할 때는 '이 일을 하고 싶다'는 생각밖에 없어서 모든 부정적 이야기들을 차단했어요. 주변에서 문제 제기를 하더라도, 저 스스로 생각을 원천 차단한 거죠. 저는 이 일을 너무나 하고 싶었고, 이 일이 아니면 다른 길은 없었으니까요.

혜란은 아이돌의 자율성과 건강을 위협하는 구조가 아닌 더 나은 시스템이 정착해, 더 많은 사람이 건강하고 행복하게 음악을 만들고 즐길 수 있기를 바란다.

그래도 희망적인 건 대중의 인식도 많이 바뀌고, 업계에서도 좋은 방향으로 선도하려는 사람들이 많아졌다는 사실이에요. 아티스트의 마음을 이해하고 좋은 방향으로 풀어 나가려는 분들이 현업에 있는 것 같아 감사하게 생각합니다. 우리가 즐기는 문화가 아이돌의 정신적 자유, 아티스트의 경험과 창작에서 오길 바랍니다.

엔터테인먼트에는 교육자가 없다

아이돌과 연습생이 고통스러운 건 비단 다이어트 때문만은 아니다. 학교를 제대로 가지 못하고, 살인적 스케줄이 이들을 기다린다. '행사'와 '방송 일정'이 없어도 보이지 않는 곳에서 아이돌은 일하고 있다. 연습실에는 노동법이 작동하지 않는다. 법적으로 노동자가 아니기 때문이다. 이들에게 연습을 시키거나 심지어는 '출연'을 시켜도 돈을 지급하지 않아도 괜찮다. '무급'일 뿐 아니라 이들이 사용한 돈은 데뷔 후 모두 갚아야 한다. 소속사는 매달 이들에게 얼마나 돈을 썼는지 알려야 할 의무가 있지만, 정산서를 받아본 연습생은 찾을 수 없었다.

연습생은 항상 '노동 상태'에 놓여 있지만, 이들을 보호할 장치는 없다. 연습생부터 데뷔까지 모든 과정을 겪었던 허유정 씨는 아이돌 학자가 되기로 결심했다. 전직 아이돌로서 아이들을 건강한 아이돌로 만들고자 하는 최초의 시도다.

그렇게 아이돌을 그만뒀다

친구를 따라 SM엔터테인먼트(이하 SM) 오디션을 본 게 첫 시작이었다. 춤과 음악을 좋아했던 고등학생 유정은 우연히 '아이돌 세계'를 경험했다. 서울 구경을 위해 친구의 오디션을 따라갔다. 길게 늘어선 줄도 처음 보는 광경이었다. 몇 시간을 밖에서 기다리기엔 너무 추운 날이었는데 "오디션을 안 볼 사람은 들어오지 말라"는 이야기에 무작정 따라 들어가 노래를 불렀다.

그렇게 본 오디션에 2차까지 올라갔다. 유정은 입시 대신 아이돌 준비를 시작했다. 고등학교 3학년, 드디어 연습생이 됐다. 작은 회사로 시작했지만, 열심히 연습해 YG엔터테인먼트(이하 YG)로 이적도 성공했다. 쉬는 날은 단 하루. 춤과 노래뿐 아니라 외국어 공부, 인터뷰 연습, 개인 PT, 식단 관리까지 했다. 매일매일 연습 영상을 촬영했다. 지금은 블랙핑크가 된 멤버들과도 연습생 동기였다.

20대 초반. 회사에서 이야기했던 걸그룹 론칭이 늦어졌다. "보이그룹이 먼저 나가기로 했다"는 통보. 보통 한 기획사에서 신인 그룹은 4~5년 주기로 나온다. 5년을 더 기다리기엔 시간이 없었다. 그렇게 유정은 회사를 옮겼다.

실력도, 성실도 넘쳤던 유정은 2014년 '단발머리'로 데뷔한다. '크레용팝'의 동생 그룹이었다. 2년 동안 핸드폰과 SNS 없이 살았지만, 팬들의 환호와 무대에 서는 즐거움에 비하면 아무것도 아니었다. 그러나 활동은 길지 않았다. 1년도 채 되지 않아 단발머리는 활동을 중단하게 되었다. 아이돌 세계에서는 흔히 있는 일이었다.

유정은 회사를 옮겼다. 데뷔 경력이 있는 유정은 '1년 안에 앨범이 나오지 않으면 계약을 해지한다'는 조건으로 계약을 맺었다. 레슨 선생님과 활동할 그룹 멤버까지 직접 섭외해 앨범을 준비했지만, 앨범 발매는 감감무소식이었다. 그렇게 1년이 흘렀다.

계약서대로 계약을 해지해달라고 요구했지만, 돌아온 답은 "너의 잘못으로 앨범 발매를 못 한 것"이라는 말이었다. 본격적으로 소송 준비를 했다. 변호사들도 이길 수 있다고 말했다.

회사 관계자분들께 다 진술서를 받았습니다. 제가 얼마나 성실했는지도요. 이길 수 있었지만, 저를 위해 진술서를 써 주신 분들이 보복당할 수 있다는 걱정이 들더라고요. 그런 생각을 하니 잡고 있던 끈이 끊어졌습니다. 회사와 소송 없이 계약을 끝내기로 마무리 지었습니다. 그렇게 아이돌을 그만뒀습니다.

어디에도 없는 '교육자'

유정이 8년간의 연습생, 아이돌 생활을 마친 후 받은 건강검진 결과에 대해 의사는 말했다.

뼈나이가 여든 살 정도입니다. 할머니로 치면 골다공증이죠. 연골이 거의 없습니다. 왜 햇빛을 이렇게 못 보셨죠? 비타민D를 많이 드세요.

청소년기에 햇빛을 제대로 쬐지 못하고, 지하에서 춤과 노래를 연습했던 결과였다. 다른 동료를 생각하면 심각한 수준은 아니었다. 대부분 위염, 공황장애, 우울증, 월경불순을 달고 살았다.

연습생은 항상 정동노동* 상태에 놓여 있지만, 일반 회사원과 달리 4대보험 같은 실질적 보호망이 없어요. 그런 만큼 미성년자가 받아야 하는 교육과 돌봄을 기획사에서 지도할 수 있도록 제도화해야 한다고 생각했습니다. 건강한 아이돌을 만들고 싶었습니다.

  스물여덟 살, 유정은 대학에 입학했다. 중등교사 자격증 과정도 이수했다. 이제 아이돌이 아닌, 아이돌의 교육자가 될 차례였다.
  기획사 신인개발팀에 들어간 유정은 아이들이 '건강하게' 아이돌을 준비하기를 희망했다. 무작정 굶고 연습하는 방식에는 반대였다. 식후 30분은 해 아래서 산책하고, 살이 안 빠지는 아이들은 '체질 진단'을 받게 해 그에 맞는 다이어트를 권유했다. 잠을 자고 밥을 먹는 아주 기본적 행위도 규칙적으로 충족할 수 있도록 도왔다.

---

*   affective labor. 일부 사회학과 문화연구에서 쓰이는 비공식 개념으로, 감정을 단순히 표현하거나 억누르는 것을 넘어 생산 자원으로 활용하는 노동을 뜻한다. '정동affect'은 사람들 사이에 공유되는 정서적 에너지를 의미하며, 아이돌 산업에서 팬과의 교감, SNS 소통 등도 이에 해당한다.

기획사 신인개발팀이 아이들을 돌보기 위한 소정의 교육이라도 받을 수 있도록 정책적으로 정해져 있어야 한다고 생각했습니다. 어린아이들은 먹지 않고, 지속적으로 엄청난 스트레스를 받습니다. 매일매일 평가를 받으면서 벼랑 끝에 서 있는 거죠. 최소한 아이들에게 '월경은 규칙적으로 하는 게 좋고, 잠은 몇 시간 자는 게 좋다' 등 아주 기본적 상식을 알려주고 돌봐줘야 합니다.

10대, 사춘기 청소년들이 모여 있는 공간. 섬세하고 예민한 시기인 아이들을 24시간, 잠자는 시간까지 붙여놓는다. 아이들인 아이돌에게 어쩌면 '불화'는 너무나 당연한 일이다. 유정은 불화를 '교육적으로' 풀어나가고 싶었다.

너무 섬세한 감성, 그 나이대의 아이들이잖아요. 무작정 혼내거나 윽박지르는 방식이 아닌 교육적 방식을 적용했습니다. 마음이 안 좋아진 이유를 써보게 하고, 대화를 시도했죠. 섬세한 나이대의 아이들이기 때문에 그렇게 돌봐주고 가르쳐줘야 합니다.

그러나 유정의 노력은 관철되지 않았다. 연습생은 노동자도, 학생도 아니었기 때문이다. 소속사는 체계가 없고, 회사마다 트레이닝 방식도 달랐다. 사실, 대표의 '기분대로' 운영됐다. 미성년자 아이들을 트레이닝시키는 회사지만, '교육자'가 있는 곳은 단 한 곳도 없었다.

무작정 굶고 춤을 추다가 쓰러지는 경우가 종종 있는데, 아무도 놀라지 않아요. 너무 흔한 일이니까요. 구급차를 부르거나 병원에 데려가지도 않습니다. 초콜릿을 먹인 후 조금 쉬면, 다시 연습을 시작합니다.

대표의 한마디 지시는 유정의 모든 노력을 무력화했다. 아이들은 체형과 상관없이 '키-120'이라는 정해진 몸무게를 맞춰야 했고, 유정이 정한 산책 시간은 시간 낭비로 여겨졌다. 훌라후프 등 운동기구를 사달라는 요청도 수용되지 않았다. 숙소에 CCTV를 설치한 회사도 있었다. 직원인 유정은 이를 따라야 했다.

정말 많은 회사를 경험했는데, 회사마다 운영 방식은 모두 달랐죠. 작은 기획사는 대부분 대표님의 마음대로 운영됐어요. 큰 기획사도 외관으로는 체계적으로 보였지만, 여기에도 교육자는 없었습니다.

아이돌에서 아이돌 연구자가 되다

케이팝 아이돌 육성 시스템 현장은 교육 현장으로 봐야 합니다. 연습생들을 정신적·육체적으로 건강하게 키워보겠다고 교육자의 관점에서 최선을 다했지만, 저 하나 바뀐다고 달라지는 건 없더라고요. 엔터 산업이 변화해야 한다는 생각에는 변함없습니다. 아이돌은 점점 어려지잖아요. 아이들을 상품으로 만들고 있는데, 이렇게 어린 아이들을 아프지 않고 잘 활동할 수 있게 만들어줘야 하는 거죠.

혼자만의 노력으로는 한계가 있었다. 어떻게 하면 아이돌 생태계를 건강하게 만들 수 있을까? 유정은 중앙대학교 대학원에 진학했다. 아이들에게 더 나은 삶을 제공하기 위해 아이돌 연구자가 된 것.

'아이돌'의 개념을 정립하는 것부터 시작했습니다. 아이돌, 특히 연습생은 법적 지위가 없잖아요. 〈근로기준법〉에도 적용이 안 되죠. 아이돌과 연습생만으로 분류하기에도 애매했습니다. 회사 중에는 연습생 계약을 맺지 않는 경우도 있었습니다. 그래서 아이돌 지망생이면서 오디션 경험이 있는 대상을 포괄할 수 있는 '지망생'으로 명명해 연구했습니다.

그렇게 유정은 학자로서 〈아이돌 지망생의 자기효능감, 외로움, 외향성이 삶의 만족도에 미치는 영향〉 연구 석사 논문을 발표했다. 300명이 넘는 아이들을 조사했다. 연습 기간에 따라 아이돌 지망생의 심리와 삶의 만족도가 어떻게 달라지는지 알기 위해서다. '적절한 연습 기간'의 지표를 제시하는 최초의 시도다. 이 연구에 따르면 케이팝 아이돌 지망생의 연습 기간 정도에 따른 '최적 자극 수준'은 13개월로 나타났다.

연습 기간이 13개월 이하일 때는 삶의 만족도가 높습니다. 그러나 13개월을 넘어가면 자기효능감과 외향성이 감소하고 외로움은 증가하는 것으로 나타납니다. 지속적인 오디션 탈락 경험이나 부정적 평가 같은 경험이 누적되면서 스스로에 대한 확신이 줄어들고 불안과 우울로 인해 외로움이 증가한 결과로 해석됩니다. 이러한 결과는 아이돌 지망생의 심리적 요인과 삶의 만족도 간의 관계를 이해하는 데 중요한 지표를 제공하며 연습 기간에 대한 실질적 지침을 제시할 수 있다고 봅니다.

박사 논문으로는 질적 연구를 진행했다. 연습생을 경험했던 50명 이상의 사람들을 만나 17개의 표본을 선정해 아이돌 육성 시스템과 공교육 시스템을 비교했다. 전문성 없는 직원들이 연습생을 관리하면서 비현실적 기준을 강요하거나 직원들의 '기분'을 맞춰야 한다는 증언도 여럿 나왔다. 유정은 연구를 통해 케이팝 아이돌 육성 시스템에 교육학적 원리와 제도적 보호장치가 필요하다는 사실을 보여줬다.

> 요즘은 초등학생을 연습생으로 뽑을 정도로 연령이 어려졌죠. 너무 속상해요. 이렇게 어린 친구들은 연습생을 하기에 적합하지 않습니다. 멘털 관리도 어렵고, 다이어트도 하면 안 되잖아요. 다 젖살인데, 이것도 기획사에선 용납하지 않죠. 신인개발팀 소속일 때는 저도 너무 부담됐습니다. 이때의 경험이 평생을 좌우할 수도 있잖아요.

케이팝이 더 나은 방향으로 가기 위한 유정의 노력은 계속된다. 연구자로서, 문화기획자로서, 아이돌로서 조금이라도 발전된 생태계를 만들어나갈 생각이다. '아이돌 이후'에도 건강하게 삶을 살아가야 하기 때문이다.

> 케이팝이 잘되면 저도 좋죠. 그런데 지금의 육성 시스템이 아니라 보완해서 나아가야죠. 아이들과 직접 대면하는 신

인개발팀의 전문성도 키워야 합니다. 아이돌 산업을 스포츠와 종종 비교하지만, 사실 스포츠의 경우 재능 있는 아이들을 데려가면 구단에서 체계적인 지도를 해주잖아요. 그런데 아이돌은 아니거든요. 그런 전문적 돌봄과 육성 시스템을 만든 후에 나아가야 한다는 게 제 생각입니다.

부모에겐
아이돌 이전에 아이들

　아이돌 연습생 대부분은 미성년자다. 데뷔해도 마찬가지. 최근에는 데뷔 연령이 더 어려졌다. 아이돌이 되려면 학업은 사실상 포기해야 한다. 고등학교, 대학교 진학이 문제가 아니다. 의무교육도 제대로 받기 어렵다. 새벽까지 연습이 이어지는 탓에 집에서 '양육'할 시간도 부족하다. 부모에게는 자녀의 연습생 생활이 학교생활과 다를 바 없이 여겨진다. 자녀와 소속사의 관계에서도 부모가 보호자로서 존재한다. 아이돌과 소속사의 분쟁에 매번 '부모'가 언급되는 이유기도 하다. 아이돌 부모의 발언은 다수에게 부정적으로 비친다. 아이돌은 민감한 사안에 언급을 자제하고 신비로운 이미지를 유지해야 하는데, '부모'의 개입은 이들을 현실로 끌어내리기 때문이다.

그러나 아이돌도 부모에게는 그저 '아이들'이다.

아이돌 부모가 마주한 케이팝 산업은 어떤 모습일까. 하이라이트(구 비스트) 멤버 손동운의 아버지 손일락 청주대학교 명예교수를 만나 이야기를 들었다.

15년짜리 노예계약서

동운이는 유독 착하고 성실한 막내였다. 예절을 중시한 아버지 덕에 엇나간 적도 없다. 손 교수는 동운의 어린 날을 떠올렸다.

보는 사람마다 "참, 예쁘다", 이런 이야기를 많이 들었죠.

노래도 퍽 잘했다. 또래보다 성숙해 보이는 외모에 눈을 반짝이며 명함을 건네는 사람도 많았다. 일찍부터 '연예인' 자질이 넘쳤던 아들 덕에 바빠진 건 아버지였다.

느닷없이 계약서를 내미는 사람도 있었습니다. 인정받는 다는 생각에 기분이 좋았지만, 한편으로는 걱정이 되더라고요. 잘 모르는 분야여도 법적인 부분은 중요하잖아요.

손일락 교수와 어린 동운의 모습.

손 교수는 '연예계 공부'를 시작했다. 인맥을 최대한 활용해 연예 전문 변호사도 찾아갔다. 당시만 해도 연습생 표준계약서가 없었다. 동운은 당시 대형 기획사로 꼽히던 회사 오디션에 합격했다.

30장가량 되는 어마어마한 계약서를 받았습니다. 계약 기간은 기본적으로 15년이었습니다. 물론 데뷔 후 기준입니다. 일단 계약하면 40대가 돼야 벗어날 수 있는 구조더군요. 표준약관 같은 건 없었습니다. 흔히 이야기하던 '노예계약'이었습니다.

연예계는 잘 몰랐지만, 세상 물정을 모르는 건 아니었다. 손 교수는 기획사에 "계약서를 검토하기 위해 변호사를 대동하겠다"고 말했다. 회사는 이를 거절했다.

수익 배분 문제도 모호했습니다. 아티스트나 가족의 입장을 고려하는 내용은 전혀 없었죠.

내로라하는 기획사 '연습생'이 될 기회를 잡았지만, 손 교수는 그 손을 놓았다.

"아빠, 더 이상 연예인 안 할래요"

동운은 다른 기획사에 들어갔다.

당시에는 기획사가 생긴 지 얼마 안 됐습니다. 이 때문인지 계약이 꼼꼼하지 않았죠. '연습'만 시켜주겠다는 내용이었는데, 모든 경비를 기획사에서 부담하게 돼 있었습니다. 데뷔 후 이를 정산하겠다는 내용도 없었습니다. 어찌 보면 (그쪽도) 굉장히 '순진'했던 거죠. 물론 나중에 계약서를 고치자고 연락이 오긴 했습니다.

열네 살. 동운은 '연습생'이 됐다. 매주 40시간 연습 노동을 했다. 보컬·댄스 트레이닝, 인성 교육, 외국어 교육까지…. 손 교수는 동운의 연습생 시절을 '중노동'이라고 표현했다. 학교를 들른 후 연습실에 가고, 집에 와 쓰러지듯 잠을 잤다.

일주일에 40시간 연습하는 것은 상상할 수 없을 만큼 중노동이었습니다. 댄스만 세 종류 이상 레슨을 받았습니다. 정신적 압박도 컸습니다. 학교생활은 당연히 어려웠죠.

중학교는 의무교육이지만 정상적인 학업이 불가능했

다. 피곤에 절어 학교에 가면 엎드려 자는 경우가 많았다. 자연스레 교우 관계도 망가졌다. 신기함이 무시로 변하는 것은 순간이었다. 친구들은 매일 지쳐 잠만 자는 동운에게 더는 관심을 보이지 않았다. 점심을 같이 먹을 친구도 없었다.

  손 교수는 연습이 끝난 동운을 매일 데리러 갔다. 새벽에 집에 와 겨우 잠에 든 아이를 가만히 바라보는 시간이 가장 행복했다. 동운은 확실히 끼가 많고 재능이 있었다. 어떤 일을 하더라도 포기하지 말고 끝까지 노력해야 한다고 가르쳐왔다. 가슴 아픈 순간도 있었지만, 아들에게 내색할 수 없었다. 평소처럼 쓰러져 자는 아이의 양말을 벗긴 어느 날, 비릿한 쇳내가 코로 훅 들어왔다. 발이 온통 피투성이였다. 아직도 그 모습이 생생하다.

  연습생들은 '인성' 교육을 받았지만, 소속사 직원들은 아니었다. 아이들을 폭력적으로 교육하는 날도 많았다. 어린 동운이 말했다.

> 아빠, 100번만 더 참을게요. 아니, 100번은 금방 지나가니까 1,000번만 더 참을게요.

밥을 거른 채 연습실에 가고, 늦은 밤까지 연습하는 생활이 반복됐다. 1,000번은 눈 깜짝할 사이 지나갔다. 퇴근은 항상 새벽이었다. 끝이 보이지 않는 굴레 속에서 2년이 흘러갔다. 동운은 '데뷔'를 포기했다.

업계 부조리를 간접적으로 목격한 후 충격을 받았죠. "아빠, 더 이상 연예인 안 할래요" 하더군요. 미성년자가 감당하기는 어려운 상황이었습니다. 연습생을 포기한 일은 저희 집안에 큰 충격이었죠.

연습생을 그만둔 동운이 택할 수 있는 길은 많지 않았다. 이미 또래와는 다른 길을 멀리 와버린 탓이다.

지금 공부를 다시 시작해서 대학에 입학하기는 어렵다고 판단했습니다. 가수에 미래를 걸었는데, 지금 포기하면 할 수 있는 게 없었습니다. 그래도 다시 공부를 시작했죠.

여전히 비스트지만, 비스트가 아니었다

천생 연예인의 운명을 타고난 것이었을까. 동운은 평범한 일상으로 돌아갈 수 없었다. 고등학교 2학년이 끝날 무렵 다시 기획사에 들어갔다. 그리고 2009년, 동운은 아이돌 '비스트'로 데뷔했다. 우여곡절이 있었지만, 비스트는 곧 정상에 섰다. 앨범마다 '히트'를 쳤다. 2011년 발매된 〈비가 오는 날엔〉 등은 아직도 음원 차트에 오르내린다.

정상급 아이돌 자리를 유지하던 비스트는 소속사와 '헤어질 결심'을 한다. 데뷔한 지 약 7년 만의 일이다.

> 아티스트에게도 어느 정도 성공을 하면 '성공 보수'라는 게 있어야 한다고 봅니다. 성공을 하더라도 기존 계약이 그대로 가다 보니 불만이 생길 수밖에 없죠.

당시에는 정산을 '합의'하는 관행도 없었다. 어디에 얼마를, 어떻게 쓸지 결정하는 일은 아티스트의 권한이 아니었다.

7년이라는 전속계약 기간을 꽉 채웠지만, 회사를 떠나기는 쉽지 않았다. 그룹 활동을 계속하려면 더욱 그랬다. 멤버들은 힘을 합쳐 독자 회사를 설립했다. 팬들과 멤버는 그대로였지만, '비스트'란 이름은 더 이상 쓸 수 없었다. 이름은 곧 그룹의 정체성. 팬덤도 큰 타격을 받았다. 이들은 여전히 비스트였지만 비스트가 아니었다. 동운이 제안한 '하이라이트'라는 이름으로 2017년에 새롭게 활동을 시작했다. 가수에 대한 표준전속계약서는 2018년에 최초 제정되었는데, 상표권과 디자인권을 가수에게 이전해야 한다고 명시했다. 그러나 '비스트'란 이름과 이별해야 했던 당시엔 가수와 그룹 이름 상표권에 대한 기준이 없었다. 다만 지금도 상표권 이전은 상황에 따라 다르다. 전 소속사가 '선의로' 양도해주는 경우도 있지만, 합의하지 못해 새로운 이름으로 활동을 시작하는 경우도 많다.

사실 당시에는 이런 분쟁 사례가 드물었습니다. 상식적으로나 법적으로나 어떤 가수의 이름은 소유권이 그 자신에게 있다고 생각했습니다. 법률 자문 결과도 긍정적이었지만, 소송을 할 수는 없었습니다. 그럼 그 시간만큼 활동을 할 수 없으니까요. 결국 이름을 포기하게 됐죠.

한류의 물결이 막 뻗어나가던 시기, 이름을 잃은 건 치명타였다.

새로운 이름을 만들고 다시 데뷔하다시피 했죠. 국내 팬들은 사정을 알았지만, 해외 팬덤은 거의 붕괴됐습니다. 피해가 컸죠.

손 교수는 대승적 배려가 필요하다고 말한다.

비틀스The Beatles가 소속사를 옮긴다고 '비틀스'를 못 쓰지는 않잖아요. 앞으로 이런 문제가 있을 때 대승적 차원에서, 한류의 미래를 위해 기획사 측에서 배려를 했으면 하는 간절한 소망이 있습니다.

소속사를 떠난 지 8년, 비스트가 된 지 15년이 지난 2024년 4월, 하이라이트는 비스트를 되찾았다. 이진 소속사와 '비스트' 상표권 사용을 합의한 거다. 같은 해 5월 10~12일 서울 KSPO돔에서 개최한 단독 콘서트 〈하이라이트 라이브 2024〉에서 하이라이트는 8년 만에 "안녕하세요, 비스트입니다"라고 외쳤다.

화려해 보이지만 외로운 직업

손 교수는 아들에게 하고 싶었던 조언과 격려를 책에 담았다.

처음엔 어려움이 있었지만, 기대 이상으로 성공을 거뒀습니다. 그러면서 점점 아이를 보기 힘들어졌습니다. 스케줄이 많다 보니 숙소 생활을 할 수밖에 없었습니다. 아이와 교류할 방법도 없었습니다. 아이는 낮과 밤이 완전히 바뀐

생활을 하게 되었죠. 그래서 싸이월드에 아들에게 하고 싶은 말을 전했습니다.

손 교수가 싸이월드에 남긴 글들은 금세 명성을 얻었다. 손 교수는 이를 엮어《꿈에 미친 청춘을 응원하라》라는 책을 발간했다.
이면에는 아들과 연락하기 어려웠던 아이돌 부모의 애환이 있다.

아들아! 아빠는 네가 결국은 수많은 역경을 겪어내고, 네 꿈인 가수가 되어서 기쁘고, 고맙다. 그리고 사랑한다. 아무쪼록 앞으로 1등이 되기 위해 최선을 다해 노력하여라. 하지만 꼭 1등이 되지 않더라도 상관이 없단다. 그저 매시간 얼마나 치열하게 사는가, 얼마나 성실하게 사는가, 얼마나 감사하고 사랑하며 사는가가 문제인 것이지.
연예인으로 살기로 한 이상, 비록 쉽지는 않겠지만 뼈를 깎는 각오로 언행이라든지 태도, 이미지 관리에 신경을 써야 할 것이며, 사생활 관리도 잘해나가지 않으면 안 된다.*

---

*   손일락,《꿈에 미친 청춘을 응원하라》, 무한, 2010년, 91쪽, 113쪽.

아이돌의 삶은 화려해 보이지만, 외로운 직업이다. 신문을 보다 아이돌들의 불행한 소식을 들으면 지금도 심장이 나락으로 떨어진다. 손 교수는 아이돌을 이렇게 정의했다.

아이돌의 삶은 굉장히 공허하죠. 따듯한 시선이 필요합니다. 이면을 보면 정말 복잡한 문제들이 있습니다.

아들 동운의 고난과 성취를 가장 가까이서 지켜본 손 교수는 정책적 차원의 접근이 필요하다고 말한다.

연습생부터 데뷔 이후 삶을 살고 있는 수많은 아이들이 있지만, 정책적으로는 존재하지 않는 것과 같습니다. 연습생, 데뷔 후 활동으로 인해 빠지게 되는 학교 수업들은 모두 학교에서 '봐주는' 거죠. 병역도 마찬가지입니다. '병역 면제'를 요구하는 게 아닙니다. 군대에 가야 할 시기와 활동 시기가 맞물립니다. 그럼 편법으로 미룰 수밖에 없습니다. '대중가수 활동'으로는 병역을 유예할 수 없으니까요. 병역을 미루기 위해 대학교에 진학하기도 합니다.

표준계약서에 대해서도 첨언했다.

중요한 건 배분율이 아닙니다. 수익과 비용이 투명하지 않으면 배분율은 의미가 없습니다. 이 부분이 투명하게 이루어질 수 있도록 관계 기관의 관심이 필요합니다. 계약서를 검토하는 체계와, 계약이 대등한 입장에서 이루어질 수 있게 여건이 만들어져야 합니다. 한류가 지속 가능한 발전을 이루기 위해 고민해야 합니다. 지금은 애로 사항에 대해 정부가 외면하고 있죠. 아이돌 아버지로서 정말 아쉽습니다.

손 교수가 겪은 일은 15년 전의 일이지만, 케이팝 아이돌은 여전히 이런 문제를 겪고 있다. 표준계약서와 상관없이 기획사는 유리한 조항들을 잔뜩 넣어둔다. '을'이 되는 연습생들은 계약서 조항 하나 바꿀 수 없다. '동등한' 계약관계에서 협상하는 것은 당연한 일이지만, 연습생이나 재계약 기간이 다가온 아이돌이 변호사를 만나는 일은 '중범죄'로 여겨진다.

비인기 아이돌이나, 소형 기획사에만 있는 일이 아니다. 국내 대형 기획사의 아이돌 계약서에는 표준계약서와 배치되거나 각종 불합리한 조항들이 명시돼 있다. 아이돌에 대해서만 '비밀 유지 조항'을 세세하게 규정해 소속사에 대한 각종 불만을 언급하지 못하게도 한다.

학교 대신 기획사에 출근하는 아이돌 육성 시스템 구조

상 아이돌의 부모가 적극 개입할 수밖에 없지만 이를 지양해야 하는 것이 아이돌의 덕목처럼 여겨진다. 케이팝은 글로벌 산업으로 성장했지만, 불투명한 계약 관행은 여전하다.

'연습생'이 되기 위한 아이돌 학원

 강남 학원가에는 특이한 풍경을 볼 수 있다. 바로 '아이돌 학원'이 자리 잡은 것. 겉보기에는 실용음악 입시학원 같지만, 수강생들은 모두 10대로 초등학교 5~6학년이 가장 많다. 인천, 파주에서 오는 학생들부터 대구, 울산, 제주에서 오는 학생들도 있다.

 최근 몇 년 사이, 연습생 준비를 위한 학원이 급격히 증가했다. 강남을 비롯한 주요 도심에는 수많은 아이돌 전문학원이 생겨났고, 연습생 준비생들에게 보컬, 댄스, 연기, 심지어 SNS 브랜딩까지 교육한다. 아이돌 학원을 운영하는 아이돌 출신 이미경(가명) 대표는 "최근 아이돌 학원이 엄청나게 늘었습니다. 준비생들은 한 학원만 다니지 않아요. 보컬은 어디서 배우고, 댄스는 어디서 배우는 방식입니다"라고 설명했다.

자퇴 권유하는 기획사

아이돌 학원은 여느 입시학원과 다르지 않다. 아이돌이 되기 위한 학원이지만, 실상은 아이돌이 되려는 '연습생'이 되기 위한 학원이다. 아이들은 초등학생부터 학원을 다니고, 기획사는 학원 비공개·공개 오디션 또는 추천을 통해 연습생을 물색한다. 학원에서 쇼케이스를 개최하면, 기획사 관계자들이 참석해 캐스팅을 한다. 사실상 연습생 오디션이다.

30대 부모들이 아이들 손을 잡고 학원을 옵니다. 이전과 다르게 아이들이 원해서 학원을 다니는 경우도 있지만, 부모가 원해서 다니는 경우도 많죠. 여러 오디션을 보기 위해 다양한 학원에 다니는 학생도 많습니다. 물론 그런 방식을 추천하지는 않아요. 오디션을 자주 보는 것도 '이미지 소비'이기 때문이죠. 각 기획사 신인개발팀이 공유하는 단체 채팅방도 있어요.

연습생이 되기 위해 아이돌 학원을 다니는 학생들에게

연령별 아이돌 데뷔 과정

단계	나이대	내용
학원생	초등학생 (10~12세)	학원에서 보컬, 댄스, 연기 등 기초 트레이닝을 받음
기획사 오디션		최대 4차까지 진행되는 오디션을 거쳐 기획사 연습생으로 선발됨
기획사 연습생	중고등학생 (13~18세)	기획사에서 체계적인 트레이닝을 받으며 데뷔 조 합류 가능성 탐색
아이돌 데뷔	중고등학생~20대 초반 (15~22세)	기획사의 최종 데뷔 계획에 따라 그룹 혹은 솔로로 데뷔

는 어떤 능력이 있어야 할까. 빠르면 한 달, 길면 1년 안에 운명이 결정된다. 기획사는 아이돌에게 엄청난 음악성을 요구하지 않는다. 스타성이나 뛰어난 외모가 더 좋은 대우를 받는다.

재능이 있는 친구들은 한 달 안에 캐스팅이 되는 경우도 있어요. 기본은 3~6개월 정도고요. 엄청난 재능이 있는 게 아니더라도 기본기는 맞출 수 있습니다. 아이돌 오디션을 원하는 아이들 같은 경우 창법도 입시와 다르게 가르쳐요. 저음이 매력적이거나 고음이 예쁘면 가능하죠. 둘 중에 하나만 충족하더라도 아이돌을 할 수 있습니다.

학원비도 만만치 않다. 보컬, 댄스 등 개인 레슨은 한 달 4회 기준 50만 원가량. 그룹 댄스 레슨은 15~20만 원 수준이다. 학원 대부분이 비슷하다. 이미경 대표는 경제적 요소가 원생들에게는 가장 어려운 부분이라고 말한다.

SNS에서 보이는, 아이돌을 준비하는 친구들은 화려하고 멋진 모습이죠. 소위 '잘사는 집'이라는 이미지가 있습니다. 그러나 그렇지 않은 아이들도 많아요. 경제적 부분 때문에 꿈을 포기하는 경우도 다반사고요.

과거와 달리 대형 기획사는 기본 성적을 요구하기도 한다. 중고등학생 연습생들은 4등급 이상 성적을 받아야 한다. 그러나 소형 기획사는 사정이 다르다.

대형 기획사는 성실도를 보기 위해 성적을 요구하지만, 작은 회사는 그렇게 신경 쓸 여력이 안 돼요. 그렇다 보니 '자퇴'를 권유하는 경우가 많아요. 학교를 그만둔 아이들은 다른 길, 대안이 없어지는 거죠. 문제는 엔터사에서 '데뷔가 확실한 아이들'이나 '재능이 뛰어난 아이들'에게만 자퇴를 권하지 않는다는 거예요. 이해가 가지 않지만, 신인개발팀 입장에선 위에서 시키니까 어쩔 수 없이 하는 거죠. 언제 어떤 콘셉트의 팀이 나갈지 모르기 때문에 최대한 많은 아이들을 연습생으로 둡니다.

이 대표도 과거 연습생 생활을 했었다. 소속사는 자퇴를 권유했고, 대학 진학도 말렸다.

소속사에서 곧 데뷔할 거라며 대학에 가지 말라고 했어요. 오랫동안 연습생 생활을 해왔던 터라 대학은 가야겠다는 생각으로 진학했고, 결국 데뷔는 못했습니다. 모두 무산됐거든요. 만약 중간에 자퇴를 하고 연습생 생활을 하다 데뷔를 못 하면 아무것도 할 수 없는 상태가 되는 거죠.

왜 기획사들은 데뷔시킬 아이들이 아니더라도 연습생 계약을 유지하는 걸까. 이 대표는 "언제 사용할지 모르니까 그냥 데리고 있는 것"이라고 설명했다. 트레이닝을 시켜주지 않으면서 연습생 계약을 유지하는 회사도 있다.

연습생 계약 기간 동안 자유롭게 광고 등 연예 활동을 할 수 있지만 수익을 나누어야 한다 등의 내용을 계약서에 명시해놓습니다. 앨범 발매는 해주지 않고 행사만 돌리는 경우도 있어요. 일본에서 몇 달 활동하는 게 투자 조건이라고 이야기한 후 지하아이돌* 같은 행사만 돌리는 경우도 많죠. 위약금을 내고 계약을 해지하는 경우가 다반사예요.

초등학생 아이들을 가르치는 이 대표는 스스로 교육자라는 생각을 품고 있다.

아이들에게는 부모님 대신인 거죠. 수업하다 보면 아이들

---

*　地下アイドル. 일본에서 대중매체에 출연하기보다 라이브 무대를 중심으로 활동하는 아이돌을 일컫는다.

의 태도에 대해 혼낼 때도 있습니다. 그렇다 보니 정해진 교육이 없어도 되나 하는 생각이 들어요. '상품'으로서만 아이들이 키워지다 보니 사회부적응자도 정말 많아요. 연습생이 된 아이들은 우월의식에 갇혀 살기도 해요. 대형 기획사더라도 아이들을 상품으로만 보는 곳도 있고요. 그런 곳은 오디션 추천도 안 합니다.

데뷔 못 한 지망생은 어떻게 될까

'바바라'라는 이름으로 활동하는 가수 이혜인 씨도 어린아이들을 가르친다. 2011년에 데뷔해 지금까지 연예계를 직접 경험했다.

지금까지 케이팝은 좋은 것만 부각됐어요. 또 아이들에게 '승자만 빛난다'는 공식을 주고 있어요. 영광의 시대로만 여겨졌지만, 사실은 제가 옛날에 데뷔할 때만 해도 굉장히 폭력적이고 여성혐오적인 시대였습니다. 어렸을 때부터 가수 생활을 한 제게 연예계는 너무 폭력적이었습니다. 아이돌을 가두는 사슬의 시작이었죠. 모든 스태프가 보는 앞에서 아무 때나, 몇 번이고 체중계 위에 올라가야 히거니 제 앞에서 저의 신체와 얼굴에 대한 이야기를 아무렇지도 않게 해댔죠. 언어와 신체 폭력이 쉽게 이루어지던 무서운 시대이기도 했습니다.

그는 이제 아이돌 지망생들에게 보다 인간적인 환경이 필요하다고 말했다.

꿈을 이루기 위해 희생이 필요하지만, 그 희생이 한 사람의 전부를 빼앗아서는 안 됩니다. 적어도 교육이나 건강을 포기하면서까지 연습을 강요당하는 시스템은 바뀌어야 해요. 이제는 실력이 뛰어나다고 해서 데뷔할 수 있는 게 아니에요. 초등학생 때부터 성공을 목표로 운명을 걸면 인형뽑기처럼 운으로 인생이 결정됩니다.

혜인은 자조하며 이야기했다.

"너 지금 이거 3~4년 하다가 데뷔 직전에 무너지면, 그때 그만하고 싶어도 할 수 있는 게 아무것도 없어." 제가 꿈꾸는 아이들에게 이렇게 이야기할 수는 없지 않나요? 아이돌을 준비하다가 실패한 아이들에게도 다시 사회에 섞일 수 있는 기회가 있어야 해요.

혜인은 케이팝 산업의 구조적 문제점을 짚었다.

아이돌 산업은 사실상 〈오징어 게임〉처럼 실패하는 사람들을 양산하는 구조예요. 이제는 예쁘고 마른 조건을 갖춘 아이들이 많아지면서 더욱 경쟁이 치열해지고 있죠. 결국, 데뷔하지 못한 연습생들은 사회적으로 아무런 보호를 받지 못한 채 방치됩니다.

연습생들이 겪는 정신적·육체적 스트레스도 심각한 수준이다.

연습생 출신들이 연예계를 떠난 뒤 겪는 트라우마는 정말 심각합니다. 회사에서 잘렸을 때 최소한의 재정적 지원이나 심리상담을 제공해야 한다고 생각해요.

혜인은 연습생들에게 강요되는 극단적인 다이어트 문화도 문제라고 비판했다.

요즘은 아예 마른 아이들을 뽑는 추세예요. 체질적으로 살이 잘 찌시 않는 아이들이 언습생으로 선발뇌는 경우가 낳아요. 그렇지 않으면 극단적 방식으로 체중을 감량해야 합니다. 연습생 대부분은 다이어트 한약을 복용하거나, 병원에서 식욕억제제를 처방받아 수많은 부작용으로 건강을 잃어가거나, 무작정 굶는 방식을 택하죠. 배고픔을 느끼면서도 한 번 더 참아보려고 하다가 결국 폭식하는 패턴을 반복합니다. 어린 시절 이러한 다이어트의 경험은 섭식장애를 얻기 너무나 좋은 환경이죠 아이돌을 꿈꾸었다는 이유만으로 건강을 잃는 게 당연해져야 할까요? 혹은 건강을 잃기 전 회사에서 올바른 다이어트로 영양과 건강 모두 챙겨줄 수는 없는 걸까요?

혜인은 본인도 섭식장애를 경험했다고 고백했다.

섭식장애를 겪어본 사람으로서, 연습생들에게 살을 빼야 한다는 말을 하는 것이 정말 힘들어요. 하지만 회사에서 요구하는 기준을 맞추기 위해서는 어쩔 수 없이 체중 감량을 해야 하는 현실입니다.

가수에서 아이들을 가르치는 트레이너까지. 혜인은 '네가 하고 싶어서 했으니까' 모든 것이 용인되는 문화를 바꿔야 한다고 말한다. 엔터 산업 전반의 문제를 개인의 문제로 치부해서도 안 된다.

스무 살 친구들도 본인들이 '늙었다'는 생각을 가져요. 아이들은 10대부터 패배감에 절여지고요. 그 누구라도 정신·신체 건강이 훼손되면 안 됩니다. 누구도 상처받지 않고 좋은 어른으로 자라날 수 있게 사회가 만들어주어야 하는 것 아닌가요? 왜 당연히 희생을 바라고 모든 것을 참아야 하는지 모르겠습니다.

혜인은 초등학생 때부터 아이돌 시장에 뛰어드는 만큼 정상적인 교육을 받을 기회가 보장되어야 한다고 지적했다.

연습생들은 보통 중학생 때 학업을 포기합니다. 예술계 고등학교를 가는 경우가 많은데, 이들 학교는 사실상 연예인 지망생들을 위한 사기업에 가까워요. 정규교육 과정을 제대로 이수하지 못하고 연습에만 매진하다 보니, 결국 연예계에서 실패하면 학력도, 직업도 없이 사회에 내던져집니다. 연습생이 회사에서 방출될 경우, 국가 차원에서 최소한의 교육 기회를 제공해야 해요. 재교육 프로그램이나 직업 전환을 위한 지원이 절실합니다. 하지만 지금의 현실은 완선히 방치되어 있어요.

혜인은 케이팝 산업의 폐해를 알리기 위해 계속 목소리를 내겠다고 밝혔다.

아이돌 산업은 단순히 화려한 무대만이 전부가 아니에요. 그 뒤에는 수많은 실패한 연습생들이 있고, 그들은 아무런 보호도 받지 못한 채 사회에 버려집니다. 이 문제를 계속해서 이야기해야 합니다.

"열여섯 넘으면 고령"
연습생의 시간은 거꾸로 간다

    열세 살에 데뷔한 '아시아의 별' 보아는 대한민국에 큰 파장을 일으켰다. 어린아이가 체계적인 트레이닝을 받아 춤, 노래는 물론 일본어까지 구사하는 모습은 가요계에 새로운 '성공 문법'을 제시했다.

    그로부터 25년이 지난 현재, 어린 아이돌은 더 이상 놀라운 일이 아니다. 아이돌의 데뷔 연령대가 점점 어려지고 있기 때문이다. 2023년 11월 YG에서 프리pre 데뷔한 걸그룹 베이비몬스터의 평균 데뷔 연령은 16.8세, 막내 치키타의 나이는 14세였다. SBS 서바이벌 오디션으로 2024년 3월 데뷔한 걸그룹 유니스의 평균 데뷔 연령은 15.8세. 막내 임시원의 나이는 13세로 2011년생이다. 걸그룹 뉴진스 역시 평균 연령 17.6세로 데뷔한 '전원 미성년자'였다. 데뷔 연령이 어려지는 만큼 연습생은 더 어려질 수밖에 없다. '중학생이 마지노선'이라는 이야기가 나올 정도로 연습생도 이제 초등학생을 주로 뽑는 추세다.

왜 아이돌은 점점 어려질까? 중학교 졸업도 하지 않은 미성년자 아이돌이 늘어나도 괜찮은 걸까? 무엇보다 이들을 보호할 방안은 있을까?

어린 아이돌, 더 잘 팔린다?

연습생은 '초등학생', 데뷔는 '중학생'. 최근 케이팝의 흐름이다. 한 업계 관계자는 "배우와 다르게 아이돌은 어린 나이를 선호한다. 특히 최근에는 연습생을 뽑는 나이가 더 어려지고 있다. 보통 초등학생 정도라고 보면 된다"고 말했다.

30여 년 동안 업계에 있었던 이준상 칠리뮤직코리아 대표는 "요즘엔 데뷔 조가 열두 살부터 출발해서 열여섯 살에 의사결정이 끝난다고 한다. 열여섯이 넘으면 고령인 거다. 데뷔를 못 한 고등학생 아이들은 회사에서도 더 이상 관심을 기울이지 않는다. (그래서) 인적자원에 관심을 가질 때는 신중한 접근이 필요하다"고 지적했다. 실제로 한국콘텐츠진흥원이 발표한 〈2023 대중문화예술산업 실태조사〉 결과 보고서에 따르면 '아홉 살 미만'의 연습생도 집계된다. 왜 기획사는 어린아이들을 선호할까?

강남에 위치한 한 아이돌 트레이닝 학원 관계자는 아이돌에게 요구되는 '외국어' 능력 때문이라고 말한다. 그는 "요즘 기획사들은 유창한 외국어 실력을 가진 지망생을 선호한다. 외국어는 어릴 때 배워야 습득이 빠르기 때문에 지망생 부모들도 사교육을 통해 미리 가르치고 있다"고 설명했다.

어린 아이돌을 대중이 더 좋아하기 때문이라는 이야기도 나온다. 한 연예기획사 신인개발팀 관계자는 "대중이 어린 여성을 선호하기 때문에 걸그룹의 연령은 더욱 낮아질 수밖에 없다. 기획사에서도 솔직히 어릴 때 상품 가치가 있다고 생각하기 때문에 최대한 어린 친구를 확보하기 위해 혈안"이라고 털어놨다.

뒷전으로 밀린 건강권과 학습권

기획사는 초중학생을 연습생으로 뽑고, 이들은 아이돌이 되기 위해 학교를 빠지거나 자퇴한다. 아이돌 트레이닝 학원에 다녔던 한 인터뷰이는 "보통 학교를 그만두거나, 학교에 다녀도 공부를 하지 않고 연습에만 매진한다"고 전했다.

 문제는 이렇게 선발된 미성년자 아이들을 보호할 대책이 없다는 점이다. 현행법상 청소년 근로가 가능한 나이는 열세 살부터다. 특히 열네 살까지는 고용노동부장관 명의의 취직인허증이 있어야 한다. 그러나 아이돌은 예외다. 노동자가 아니기 때문이다. 즉, 아이돌과 연습생은 '최저 연령대' 제한이 없다.

 문화체육관광부(이하 문체부)가 고시한 〈청소년 대중문화예술인(또는 연습생) 표준 부속합의서〉에 따르면 청소년의 대중문화예술용역 제공 시간은 열다섯 살 미만 주 35시간 이하, 열다섯 살 이상 주 40시간 이하만 가능하다. 그러나 법정대리인이 동의만 하면 규제는 쉽게 무력화된다.

 용역에 대한 정의도 명확하지 않다. 단순 방송 출연과 공연 시간만을 용역으로 볼지, 트레이닝 시간도 용역으로 볼지는 기획사 마음이다. 미성년자 아이돌에 대한 신체적·정신적 건강 보장, 수면권·휴식권 보장 등의 내용도 모두 '권고' 수준에 그친다.

 실제 연습생 생활을 했던 이들의 하루 일정은 상상 이상이었다. 각각 다른 회사에서 연습생 경험이 있던 이들의 하루를 표로 그렸다. 취침 시간이 고작 2시간 남짓이

실제 기획사 연습생들의 하루

	연습생 ①	연습생 ②	연습생 ③	연습생 ④
0:00	개인 연습	취침	단체 군무 연습	개인 연습
1:00	개인 연습	취침	단체 군무 연습	개인 연습
2:00	개인 연습	취침	단체 군무 연습	개인 연습
3:00	개인 연습	취침	단체 군무 연습	개인 연습
4:00	개인 연습	취침	단체 군무 연습	취침
5:00	취침	취침	취침	취침
6:00	취침	취침	취침	취침
7:00	학교	취침	운동	취침
8:00	학교	운동	운동	취침
9:00	학교	운동	운동	취침
10:00	학교	보컬 레슨	운동	보컬 레슨
11:00	학교	보컬 레슨	개인 연습	보컬 레슨
12:00	점심 식사	점심 식사	점심 식사	점심 식사
13:00	춤 레슨	라이브 연습	춤 레슨	춤 레슨
14:00	춤 레슨	라이브 연습	춤 레슨	춤 레슨
15:00	춤 레슨	춤 레슨	개인 연습	춤 레슨
16:00	개인 연습	춤 레슨	보컬 레슨	춤 레슨
17:00	개인 연습	춤 레슨	보컬 레슨	개인 연습
18:00	저녁 식사	저녁 식사	저녁 식사	저녁 식사
19:00	보컬 레슨	단체 군무 연습	운동	단체 군무 연습
20:00	보컬 레슨	단체 군무 연습	운동	단체 군무 연습
21:00	개인 연습	단체 군무 연습	운동	일과 보고
22:00	개인 연습	단체 군무 연습	운동	일과 보고
23:00	개인 연습	단체 군무 연습	일과 보고	개인 연습

라 학교에선 대부분 졸 수밖에 없었다. 식사 시간을 제외하면 스케줄이 빽빽하게 채워져 있었다.

당국 관계자는 "판례상으로도 연예인은 근로자로 인정받지 못한 상황이다. 미성년자일 경우에 학습권, 수면권 등이 (노동법에) 충족할 수 있게 권고는 하고 있지만, 〈근로기준법〉상 근로자에 해당하지 않기 때문에 (강제) 적용이 어려운 상황이다. 아이돌이나 연습생의 경우 용역의 기준이 모호한 부분들이 있다. 지난 국회 때 용역 시간을 줄이고, 용역 범위를 시행령으로 규정하자는 논의를 했지만, 현장의 반대로 개정이 이루어지지는 않았다. 문체부에서는 자발적 연습이 아닌 기획사에서 요구하는 연습 시간은 용역 시간으로 해석하고 있기는 하다"라고 설명했다.

상황이 이렇다 보니 얼마나 많은 아이들이 연습생인지, 이들의 건강권과 학습권 등이 지켜지고 있는지는 제대로 파악하기도 어렵다.

〈학교보건법〉에 따라 모든 초중고 학생들은 '건강검사'를 받아야 한다. 아이돌, 연습생도 예외는 아니다. 그러나 교육부는 건강검사에 불참하는 학생들의 인원은 파악하지 않는다. 이 때문에 실제 아이돌과 연습생들이 건강검사를 받았는지는 알 수 없다. 연습생 현황도 마찬가지. 문체부가 2년에 한 번 실태조사를 벌이지만, 국내 등록된 엔터사 중 설문조사에 응답한 회사의 현황만 알 수 있다.

〈대중문화예술산업발전법〉에 따라 기획사는 연습생과 아이돌에게 전문 기관이 실시하는 성교육 및 성폭력·성매매·성희롱 예방 교육을 받게 해야 하지만, 실제로 하는지는 알 수 없다.

이는 지난 2020년 한국콘텐츠진흥원이 발표한 〈대중문화예술산업 표준계약서 활용성 제고를 위한 개선방안 연구〉에서도 드러난다. 이 보고서에 따르면 대중예술인들의 52.6퍼센트는 성희롱·성폭력과 관련한 어떤 교육도 경험하지 못했다고 응답했지만, 기획사는 24.5퍼센트만 교육하지 않는다고 답했다. 또 기획사로부터 인성 교육 또는 정신건강 관련 지원을 받지 않고 있다고 응답한 대중예술인은 67.6퍼센트였지만, 기획사는 35.6퍼센트만 지원하지 않는다고 밝혔다.

앞서 당국 관계자는 "예술인 같은 경우 별도 등록제도는 없다. 정확히 통계를 낼 수는 없지만 2년에 한 번 실태조사를 하고 있다. 설문을 통해 현황은 파악하고 있지만, 실사를 하지는 않는다"고 밝혔다.

노동자도, 학생도 아닌 연습생

모든 노동자는 법에 의해 노동의 권리를 보호받는다. 바꿔 말하면 노동법에서 규정하는 노동자가 아니면 보호를 받을 수 없다는 얘기다. 연습생은 어떨까. 데뷔를 위한 훈련을 받으면서 때로는 소속사에서 진행하는 촬영에 참여하기도 한다. 훈련 비용을 지불하지는 않지만, 데뷔 후 이를 갚아야 한다. 소속사의 지시와 관리 감독을 따를 의무도 있다.

그러나 연습생은 법적으로 노동자가 아니다. 그렇다고 학생도 아니다. 이들을 규정하는 법도, 보호할 법도 모두 부재하다.

이 같은 문제점을 개선하고자 지자체에서는 개별 정책을 만드는 추세다. 2023년 12월 서울시의회에서는 지자체 최초로 발의한 〈서울특별시 청소년 문화예술인의 권익보호 및 지원에 관한 조례〉가 통과됐다. 엔터사가 가장 많이 등록된 서울시에서 전국 최초로 청소년 아이돌 연습생을 보호할 근거를 마련한 거다. 청소년 문화예술인을 위한 지원사업을 벌이고 심리 및 진로 상담 등을 지원한다는 게 요지다.

2025년 1월 경기도의회도 〈경기도 청소년 문화예술인의 권익보호 및 지원 조례안〉을 제정했다. 서울시와 마찬가지로 청소년 연습생과 중도 포기자 등을 대상으로 실태조사, 지원사업을 벌인다는 내용이다. 그러나 한계는 뚜렷하다. 기획사와 달리 연습생과 아이돌은 통계에 잡히지 않기 때문이다. 지원 조례는 만들어졌지만, 지원 대상이 몇 명인지 알 방법이 없다. 소속사가 미성년자인 연습생 또는 아이돌과 계약하더라도 당국에 이를 '보고'해야 하는 의무가 없기 때문이다. 이 때문에 '아이돌 연습생 등록제'를 만들어야 한다는 주장도 나오지만 실현되지는 않았다.

국회에서도 관련 법 개정이 번번이 좌절되는 형국이다. 익명의 정부 관계자는 "엔터사들의 로비 때문에 법 개정이 어렵다"고 전했다.

K-POP, IDOLS IN WONDERLAND

2.

아이돌

돈을 거는 사업가,
인생을 거는 아티스트

아이돌도 노동조합이 필요하다

반짝반짝 빛나는 무대 위 아이돌. 이렇게 최정상에 있던 인기 아이돌의 '사망' 소식을 듣는 건 늘 황망하지만, 새삼스럽지 않다. 많은 '어린' 케이팝 스타들이 세상을 떠났다. 그때마다 기획사의 시스템이 도마에 오른다. 어린 나이부터 엄격한 통제 속에 생활하는 탓에 정신적 압박이 심하다는 비판이다. 보이그룹 틴탑의 전 멤버였던 방민수 작가를 만나 아이돌을 그만둔 이유를 물었다.

'아이돌'만 아니었다면…

"띠리링…." 새벽의 희미한 벨 소리는 늘어진 몸을 일으켜 세우기에 충분하시 않았다.

아침에 일어난 민수는 아이돌 동료의 부고 소식을 들었다. 새벽에 부재중 전화가 와 있었다. 떨리는 손으로 기사를 클릭했다. 부고의 주인공이었다. 그가 불과 몇 시간 전 자신에게 전화를 걸었다. 한 번도 힘들다 말한 적 없던 친구였다. 죄책감이 가슴을 짓눌렀다.

음악을 듣자마자 대중성 높은 곡을 집어내기로 유명한 국민 MC 유재석이 선택한 그룹. 2023년 MBC 〈놀면 뭐하니?〉에서 그들을 찾았다. 2010년 데뷔한 '2세대' 아이돌에게 찾아온 흔치 않은 기회였다. 팬들은 환호하고, 대중은 이들의 노래를 다시 듣기 시작했다. 하지만 민수는 제2의 전성기가 될지도 모르는 기회를 포기했다. 혹자는 그가 팀에 '재를 뿌렸다'며 손가락질했다. 그렇게 그는 13년간의 아이돌 생활을 끝내 정리했다.

이제는 좋아하는 그림을 그리고, '방민수'로 방송을 한다. 민수는 막노동이 아이돌보다 좋다며 환하게 웃었다.

현직 아이돌 친구들에게 가끔 '고맙다'는 연락이 옵니다. 일면식이 없는 친구들한테도요. 그분들도 아는 거죠. 이 업계가 얼마나 이상한지를….

민수의 표정은 후련했다. 아이돌에 미련은 없다고 단

호하게 선을 그었다. 그에게 물었다.

아이돌이 아니었다면, 가수를 계속했을까요?

찰나의 망설임에 눈동자가 흔들렸다. 이윽고 입술이 떨어졌다.

네. 가수였다면 그만두지 않았을 겁니다. 저 랩 하는 거 아직도 좋아합니다.

'유사 연애'를 파는 일

열일곱 살. 그림을 사랑하던 민수는 캐스팅 제의를 받았다. 무대 위의 가수들은 멋졌다.

멋있어 보여서 한 번쯤 해봐야겠다는 생각에 도전한 거죠.

연습생 기간은 짧았다. 랩에 재능이 있던 그는 바로 데뷔 조에 합류했다.

소속사도 작았고, 자본도 부족한 상황이었기 때문에 급박하게 준비하고 데뷔를 했죠. 연습생은 반년 정도 했습니다. 반년 동안 데뷔곡을 계속 연습했습니다.

연습생이 된 후에는 학교를 가지 못했다. 민수의 하루는 매일 똑같았다. 아침 8시에 일어나 오전 10시까지 운동을 했다. 이후 밤 10시까지 연습의 반복. 12시간 동안 춤을 추고 노래를 불렀다.

월화수목금토일 똑같은 루틴으로 연습했죠. 라이브부터 춤까지 모든 동작을 (멤버들과) 똑같이 만들었습니다. 당시에는 무엇을 대중이 좋아할지 몰랐어요. 그래서 '다' 잘해야 했습니다. 춤도 열심히 추면서 라이브도 완벽하게 해야 합니다. 그렇게 반년을 지냈습니다.

열일곱 살. 민수는 '캡'이라는 이름으로 데뷔했다. 시작은 순탄했다. 업계에 흔한 '소속사와의 갈등'도 없었다. 히트곡도 여럿 생겼다. 그룹 이름에 걸맞게 '톱' 아이돌이 됐다. 예상치 못한 장애물은 다른 곳에 있었다.

수익 배분도, 대우도 괜찮았습니다. 그럼에도 한계가 있었죠. 결국 저라는 사람을 지워야 하는 일이니까요. 틴탑 캡은 방민수가 아닌 '다른 사람'이었습니다. 저는 '연기'한 것일 뿐이죠.

시장이 커지면서 아이돌을 '상품화'하는 방식도 다양해졌다. 포토카드를 팔고, '최애' 아이돌과 '프라이빗메시지'*를 주고받을 수도 있다. 수백만 원에서 수천만 원을 들이면 아이돌과 직접 만나 사진을 찍거나 영상통화를 할 기회를 얻는다.

제가 생각하는 아이돌은 꿈과 희망을 주는 일이에요. 무대를 통해 대중을 행복하게 해줄 수 있다고 생각해요. 노래 부르는 게 좋아서, 퍼포먼스가 좋아서 시작했는데, 현실의 아이돌은 저를 성 상품화하는 일이었죠. 그래서 일반인이면 흔히 하는 일도 아이돌은 할 수가 없어요. 다른 연예계 직군보다 아이돌에게 유독 잣대가 엄격한 것도 이 부분 때문이라고 생각합니다.

---

* private message. 아이돌이 유료 구독한 팬에게 문자·사진·음성 등을 일대일 대화 형식으로 직접 보내는 팬 전용 메시지 서비스. 대표적 플랫폼으로 하이브의 '위버스', SM의 '디어유버블' 등이 있다.

아이돌, 뭉쳐야 산다

아이돌에겐 정신적 압박과 고통을 해소할 수 있는 창구가 없었다.

주변 아이돌을 보면 열 명 중 아홉 명은 회의감을 느끼고 힘들어합니다. 문제는 스트레스를 받아도 티 내지 못하고, 계속 숨겨야 하는 거죠. 감정을 묵히고 묵히다 보니 안 좋은 일들이 많이 일어난다고 느낍니다.

민수는 불면증이 생겼다. 잠은 2~3일에 한 번 잘 수 있었다. 자신의 마음이 어떤지 알고 싶었다. 혼자서 심리학을 공부하고, 군대에 가서 관련 학점을 취득했다. 마음의 안정을 찾으려 끊임없이 노력했다. 그렇게 13년을 버텼다.

사실 계속 그만두고 싶었어요. 그때마다 멤버들과 지인들이 만류했죠. 하나만 더, 하나만 더 하다가 여기까지 온 거예요.

2023년, 캡은 다시 방민수가 됐다. 그림을 좋아하던 민수는 작가가 됐다. 그림을 가르치는 선생님도 됐다. 카페도 운영하고, 가끔은 아르바이트로 예초 작업도 한다. 종종 유튜브 방송도 한다. 아이돌이 아닌 작가로, 카페 사장으로, 유튜버로, 선생으로 살아가고 있다. 그는 이제 '행복'하다고 말한다.

> 사실 고민이 많았죠. 저랑 맞지 않는 일이란 건 처음부터 알았지만, 20대 중반이 되니 아이돌 말고 할 수 있는 일이 있겠느냐는 생각이 컸죠. 그러나 스트레스를 견딜 수 없었습니다. 저는 그나마 그림에 재능이 있어서 운이 좋았던 거죠.

그는 아이돌 문화가 바뀌어야 한다고 말한다.

> 아이돌은 엄청난 스트레스를 받죠. 이걸 말하지 않으면 절대 풀어낼 수가 없다고 생각해요. 회사에서도 노동조합을 만들잖아요. 아이돌도 뭉쳐야 해요. 케이팝업계의 문제에 대해서 말하는 사람도 꼭 있어야 해요.

스스로를 숨기고, 다그쳤다. 아이돌 생활이 계속될수록 행복도 사라졌다. 다만 민수는 아이돌 산업이 사라지기보다 오히려 커져야 한다고 믿는다.

국가의 경쟁력이 커지면 그만큼 문화 산업이 중요해집니다. 산업이 커지면서 자정작용을 할 수 있다고 믿습니다. 국가적으로도 케이팝에 대한 투자가 필요하다고 생각합니다. 작은 기획사 사장도 결국 소상공업자거든요. 전속계약서의 수정도 필요합니다. 투자비가 아까워 볼모로 잡아두는 경우가 있습니다. 일반 회사원들도 내 연봉을 높이고 경력 쌓기 위해 옮겨 가잖아요. 연습생 계약 기간은 1년, 전속계약은 5년 정도로 줄어야 한다고 봅니다.

아이돌을 옥죄는 도덕적 잣대

민수는 아이돌의 마케팅 방식이 잘못됐다고 지적한다.

"아이돌은 원래 유사 연애를 파는 직업이다. 성 상품화된 직업이다." 이런 이야기를 당연하게 들었습니다. 그렇기 때문에 당연히 연애도 하면 안 되는 거였죠. 실제로 망상증에 걸려 저를 스토킹한 팬도 있었습니다. 점점 저와 아이돌이라는 직업 간 괴리가 커졌습니다.

아이돌 민수에게 행복은 사치였다.

한창 활동할 때 언제가 가장 행복했냐는 질문을 가장 많이 받았습니다. 동시에 언제가 가장 힘들었냐는 물음도 있었죠. 저는 항상 똑같은 답을 내놨습니다. 활동하는 내내 힘들었고, 행복한 적이 없다고요.

우리나라는 유독 아이돌에게 엄격한 도덕적 잣대를 요구한다. 정치인이나 심지어 다른 분야 연예인보다 높은 기준을 적용한다. 행동과 말투 하나하나 세세히 평가받고, SNS에 오르내린다. 아이돌에게 '연애'는 당연히 금지된다. 소속사에서 강제하지 않더라도 대중이 강제한다. 지난 2024년 유명 아이돌 멤버의 열애 소식이 알려졌다. 해당 멤버는 '자필 사과문'을 게재했다. 외신에서는 실소를 보냈다. 그러면서 소속사들이 '스타들과 연애할 수 있는 것처럼 포장한다'고 비판하기도 했다.

여전히 아이돌의 '연애 금지 조항'은 유효하다. 아이돌의 사생활은 그 자체로 '상품'이기 때문이다.

케이팝의 황금광 시대

"케이팝은 지금 '금광 캐기'에 혈안이 돼 있습니다." 중소 기획사 대표의 말이다. "한 팀만 성공해도 대박도 아니고 초대박이니까 그렇죠. 사채를 써서 아이돌 사업을 하는 사람도 많습니다."

케이팝 산업의 규모가 커지자 '아이돌 제작'에 뛰어드는 사업가가 급증했다. 실제로 매년 산업의 규모가 커지고 종사자가 늘고 있다. 한국콘텐츠진흥원이 발표한 〈2023 대중문화예술산업 실태조사〉 결과 보고서에 따르면 2022년 대중문화예술산업 전체 매출 규모는 11조 4,362억 원이다. 이 중 기획업(매니지먼트, 공연기획 및 제작)은 6조 8,137억 원으로 2020년 대비 52.2퍼센트 증가했고, 제작업(영상물, 음반·음원 등 제작)은 4조 6,225억

원으로 2020년 대비 36.6퍼센트 증가했다. 기획업에 종사하는 전체 소속 직원 역시 1만 9,008명으로 2020년 대비 8퍼센트가량 증가했다.

기획업의 매니지먼트 분야 매출에서는 '행사 활동'이 45.4퍼센트로 가장 높았고, 제작업의 매출 비중 중 방송이 45.3퍼센트로 가장 높았다.

엔터사를 차리기도 쉽다. 한빛미디어노동인권센터 조사에 따르면 2024년 말 기준, 대중문화예술 기획업체는 5,370개다. 2024년 새로 등록된 업체 수는 989개로 역대 최대치다. 2019년 3,024개를 고려하면 5년 동안 78퍼센트가량 증가했다.

아이돌이 절대 '을'이 되는 구조

이렇게 만들어진 아이돌이 매년 수십 팀 데뷔하고, 소리 없이 사라진다. 이름 한 번 들어보기만 했어도 '성공한 아이돌'이라고 평가받는 이유다. 사업가는 돈을 걸고, 아이돌은 인생을 건다. 기획사는 왜, 그리고 어떻게 돈을 벌까?

한빛미디어노동인권센터의 김영민 센터장은 아이돌 제작 현장에 체계가 없다고 지적한다.

촬영, 뮤직비디오 제작 등 아이돌 활동에 소요되는 비용, 현장에서 사용되는 비용의 범위는 고무줄처럼 늘릴 수도, 줄일 수도 있습니다. 아이돌에게 청구되는 비용 역시 마찬가지입니다. 적정한 방식으로 단가 측정이 이루어지고 있는지 혹은 투명한 방식인지 의문이 생길 수밖에 없죠. 이런 비용들이 투명하지 않다고 보고 있습니다.

아이돌은 사람이 곧 상품이 되는 가장 독보석인 영역입니다. 한국 사회에서 이 정도로 사람이 상품이 되는 산업이 없다고 해도 과언이 아니에요. 이런 구조 속에서 미성년자인 연습생과 아이돌은 제도적 보호를 전혀 받지 못하죠. 노동법 차원에서 보면 말이 안 되지만, 아이돌에게는 용인됩니다. 아동노동에 대한 국제적 기준도 예외가 됩니다. 최소한의 보호장치가 없다 보니 폭력적으로 아동을 상품화할 수 있어요. 아이돌이 절대 '을'이 될 수밖에 없는 산업이죠. 글로벌 한류라며 국위 선양한다며 치켜세우지만, 수많은 연습생이 데뷔조차 못 하는 어두운 면은 보지 않습니다. 아이들이 강도 높은 육체적·정신적 노동을 감당해야 하는 시스템인 겁니다.

김 센터장은 엔터 산업에서 정산 비용을 제대로 지급하지 않는 일도 비일비재하다고 지적한다. 체계가 없고,

구두로 진행되는 경우가 많다 보니 누락이 쉽다는 거다. 정산만 문제인 건 아니다. 활동이 간절한 어린 아이돌에게 기획사는 부모보다 더 큰 존재로 다가온다. 따라서 아이돌은 기획사에 절대적으로 종속될 수밖에 없다. 김 센터장은 계약서를 작성할 때도 아이돌의 요구가 반영될 수 없는 구조라고 지적했다. 표면상으로는 '동등한' 용역 계약이지만, 데뷔를 기다리는 아이들에게는 '따를 수밖에 없는' 계약인 셈이다.

엔터테인먼트 경영 전반에 대한 인식이 일반이 생각하는 체계적 수준으로 올라가야 합니다. 고위험 고수익 사업인 만큼 이 간극을 줄여 안정성을 높일 방안들을 고민해야 해요. 어떻게 합리적 정산을 할 수 있는지에 대해서도 업계의 고민이 있어야 합니다.

'금광' 하나를 캐내기 위해

실제로 아이돌 제작은 어떻게 이루어질까? 대형 기획사의 제작 환경은 익히 알려졌지만, 중소 기획사, 1인 기획사의 현실은 그렇지 않다. 아이돌 제작에 참여했던 난요한 메탈리언레코즈 대표는 아이돌을 제작하는 이유를

'돈'이라고 정의한다.

남요한 대표는 2014년 록밴드 크세논으로 데뷔해 현재는 밴드 몬스터즈다이브의 보컬이며 메탈리언레코즈라는 기획사를 운영 중이다. 아이돌을 제작하는 기획사는 아니지만, 15년간 업계에 있으면서 아이돌을 제작해보기도 했다.

소형 기획사에서 걸그룹 프로듀싱을 부탁해 제작에 참여한 적이 있습니다. 대표님이 너무 절실했고, 열심히 하셨어요. 그래서 돈을 받을 수 없음에도 제작에 참여했죠. 제작에 드는 모든 비용은 대표님의 사비로 처리하는 식이었습니다.

중소 기획사에서 체계는 없었다. 방송 일정, 행사가 있으면 그때그때 사람을 구했다. '체계'가 없다는 점이 제일 큰 난관이었다. 남 대표는 당시를 이렇게 회상했다.

제작비 투자는 당연히 받지 못하는 상황이었죠. 당시 회사에서는 조금 규모가 있는 기획사에서 연습하던 연습생을 몇 명 데려왔어요. 저는 연습생들의 보컬 트레이닝과 디렉팅을 맡았습니다. 걸그룹 제작이었는데, 데뷔 조 인원수는 상시로 달라졌어요.

데뷔를 하긴 했어요. 그러나 대표님과 멤버들의 불화로 차질을 빚었고, 결국 다음 앨범이 무산됐습니다. 그렇게 흐지부지 끝났죠. 대표님도 열심이었고, 행사도 꽤 했어요. 찾아보니 지금은 활동하고 있지 않더라고요.

남 대표는 아이돌을 하다, 연습생을 하다 그만둔 수많은 아이들을 지켜봤다. 이름이 알려지지 않은 수많은 아이돌 그룹이 이렇게 데뷔하고 사라졌다.

중소 기획사는 돈이 없다. 투자도 받기 어렵다. 대표의 개인 인맥을 활용해 제작하거나, 경영진이 제작 경험이 없을 때는 외부 제작사에 100퍼센트 그룹을 맡긴다. 계약 전 멤버들을 빼 가는 '탬퍼링'* 사건도 비일비재하다. 개인 사채를 빌리는 중소 기획사 대표들은 이렇게 생겨난다. 그런데도 아이돌이 샘솟듯 데뷔하는 이유는 여기에 있다.

---

* tampering. 본래 프로스포츠에서 계약 기간이 남은 선수를 다른 구단이 몰래 접촉해 영입을 시도하는 불법행위를 가리키던 용어이다. 최근에는 전속계약 중인 아이돌에게 제3자가 비밀리에 이적·재계약을 제안하는 행위를 의미할 때 사용하기도 한다.

돈이 가장 큰 이유죠. 요즘은 아이돌 그룹을 제작하는 데 30억 원 정도가 든다고 합니다. 이렇게 많은 돈이 들어감에도 투자하는 사람이 있다는 건, 조금만 유명해져도 큰 수익을 낼 수 있기 때문이죠. BTS, 블랙핑크처럼 엄청나게 유명해지지 않아도 괜찮습니다. 조금만 이름을 알려도 해외에서 투어를 하면 투자자는 무조건 수익을 볼 수 있어요. 성공 사례들도 많아졌습니다. 피프티피프티 등 중소 기획사에서 나온 아이돌도 성공할 수 있다는 걸 증명했고요. 그러니 누구든 할 수 있다는 생각에 원래 엔터업계에 있던 사람이 아니더라도 아이돌 제작에 뛰어드는 추세예요.

남 대표는 회사가 불투명한 정산을 하기 쉬운 구조라고 지적했다. 정산을 어떻게, 어떤 방식으로 할지는 회사의 마음이기 때문이다.

어떤 항목을 포함할지, 비용을 어떻게 나눌지 세부 사항을 회사에서 정해야 합니다. 정산을 투명하게 할 수 있지만, 반대로 그렇게 하지 않을 수도 있죠. 그래도 예전 '노예계약'이라고 불리던 시절보다는 훨씬 나아졌다고 봅니다. 노력하는 회사들도 많고요.

지금의 아이돌 제작 구조는 아이돌이 절대 을일 수밖에 없다. 대형 기획사뿐 아니라, 중소 기획사 아이돌도 마찬가지다. 아무나 아이돌을 제작할 수 있고, 연습생 계약을 맺을 수 있다. '금광' 하나를 캐내기 위해 지금도 수많은 아이들이 버려지고 있는 현실이다.

표준계약서는 정말 공정할까

 아이돌 산업은 2009년 전환점을 맞는다. 일명 '동방신기 사태'가 케이팝 산업의 판도를 뒤집었다. 13년이라는 전속계약 기간, 과도한 위약금, 앨범을 50만 장 이상 판매하지 못하면 한 푼도 가져갈 수 없는 수익 분배 조항. 당시 동방신기 멤버들이 소속사와 맺은 계약은 '노예계약'으로 불리기에 부족함이 없었다.

 동방신기 분쟁과 고 장자연 사건이 함께 불거지면서 공정거래위원회(이하 공정위)는 연기자와 가수 등 대중문화예술인을 위한 '표준전속계약서'를 만들었다. 아이돌 전속계약 기간 기준이 '7년'이 된 것도 이때부터다. 연습생에게 들어간 비용은 데뷔 전에 청구하지 못하고, 정산 자료를 제공하는 것도 그제야 '상식'이 됐다. 표준계약서는 이후 몇 차례 개정됐다. 2019년에는 아이돌 연습생 표준계약서와 미성년자 아이돌과 연습생에 대한 부속합의서도 만들어졌다.

그러나 '노예계약' 논란은 끝나지 않았다. 지난 2021년 유명 아이돌 멤버는 불공정 정산 계약과 관련해 전속계약 효력 부존재 확인 소송을 제기했고, 2024년 6월 대법원에서 해당 멤버의 손을 들어줬다. 중소 기획사만의 일은 아니다. 2024년 대형 기획사 아이돌 멤버들도 '노예계약'을 주장하며 소속사와 법적 공방을 벌이고 있다.

표준계약서 제정 후 16년이 지난 지금, 아이돌은 어떤 내용으로 계약하고 있을까? 표준계약서는 잘 지켜지고 있을까? 그에 앞서, 지금의 표준계약서는 정말 공정할까?

'기울어진' 표준계약서

아이돌과 연습생 계약은 굉장히 특수하다. 표준계약서는 연습생과 아티스트가 '용역'을 제공한다고 명시하면서도 이들의 노동자성은 인정하지 않는다. 특히 연습생은 연습 기간에 들어간 비용을 데뷔 후 갚아야 한다. 데뷔 후에도 소속사가 투입한 각종 비용을 '선 공제'한 후 순수익을 아티스트와 배분한다. 기존 법률 문법에서 찾아보기 어려운 구조다.

최근 소속사 임직원에게 상습적으로 폭행을 당했다고 호소했던 아이돌 그룹이 있다. 이들의 소송을 대리했던 정지석 변호사는 문체부가 고시한 표준계약서 자체가 문제라고 말한다.

아이돌 계약은 기획사가 자금을 제공하고, 아티스트나 연습생은 용역이나 노무를 제공하는 일종의 동업 개념으로 볼 수 있습니다. 문제는 소속사가 정산금 배분 전에 투자금을 먼저 회수한다는 겁니다. 투자금을 빼면 그건 더 이상 동업이 아닙니다. 투자금을 다 회수했으면 동업 관계에서 빠져야죠. 그런데 기획사들은 투자금을 다 회수하고 나서 남는 거 가지고 분배한다는 개념을 가지고 있습니다. 이런 불공정한 구조는 없습니다. 문체부 표준계약서부터 법적 접근이 잘못됐어요.

실제로 〈대중문화예술인(가수중심) 표준전속계약서〉 제13조 1, 2항은 다음과 같다.

① '기획업자'는 자신의 매니지먼트 권한 범위 내에서 '가

수'의 대중문화예술용역에 필요한 능력의 습득 및 향상을 위한 교육(훈련)에 소요되는 제반 비용을 원칙적으로 부담한다.

② 제1항에 따른 제반 비용은 '가수'의 동의하에 '가수'에게 부담시킬 수 있으며, 향후 발생하는 '가수'의 수입에서 공제될 수 있다. '기획업자'는 '가수'가 부담하는 비용의 범위가 합리적인 정도를 벗어나지 않도록 하여야 한다.

연습생 기간 필요한 비용은 기획사가 부담하지만, 데뷔 후에 이 금액을 공제하는 구조다. 이 조항에 따라서 기획사는 아이돌을 데뷔시킨 후 투자한 모든 비용을 '공제'한 후 정산 조건에 따라 배분한다. 연습생 시절의 투자 비용뿐 아니라 데뷔 이후 활동에 투입되는 제반 비용까지 공제한 후에야 정산이 이루어진다. 이렇다 보니 인기가 많은 아이돌이더라도 정산금이 없는 경우가 있다. 유명 아이돌이 종종 방송에 나와 "아직 정산받지 못했다"고 토로하는 이유다.

이외에 표준계약서의 다른 문제점들에 대해서는 본문 말미의 〈부록: 표준계약서 독소조항 파헤치기〉(267쪽)에서 조항별로 자세히 살펴보도록 하겠다.

'부속합의서'의 독소조항

 문제는 '기울어진' 표준계약서마저 제대로 지켜지지 않는다는 것이다. 업계 관계자들은 표준계약서는 형식에 불과하고 '부속합의서'가 실질적인 계약서라고 입을 모은다. 앞서 정 변호사 역시 "기획사들이 대부분 표준계약서를 사용하지만, 특약이나 부속합의서에 독소조항을 넣습니다"라고 설명했다. 여전히 수많은 아이돌이 불공정 계약으로 법적 분쟁을 겪는 이유다.

 소속사에 자신의 위치를 보고하게 하는 행위는 이미 2009년 공정위가 '사생활 침해'라고 규정했지만, 여전히 '부속합의서'에 버젓이 등장한다. 이는 2023년 선고된 손해배상 판결에서 드러났다. 과거 소속사 대표 B는 아이돌 그룹 멤버 C와 전속계약을 체결하면서 부속합의서도 작성했다. 여기에는 "원고와의 연락이 24시간 이상 두절될 시 본 계약은 해지될 수 있으며, 또한 계약 위반 시 제1조의 내용에 관한 비용을 손해배상 하는 것으로 한다"고 명시됐다.

 6년 후 B 대표는 C가 과거에 연락이 두절된 적이 있었다며 1억여 원을 배상하라는 손해배상 소송을 제기했다. 5년이 지난 데다 연락이 두절됐다고 인정할 만한 증거가 없다며 법원은 청구를 기각했다.

연예 활동 이외의 경제 활동을 하려면 기획사의 동의를 받아야 하는 조항은 2009년 공정위에서 삭제했지만, 현실에선 여전히 유효하다. D 소속사는 아이돌 멤버 E와 전속계약을 체결하면서 부속합의서를 작성했다. 이때 소속사는 사생활 보장 예외 항목에 헤어스타일링, 눈썹 문신을 포함한 시술과 성형, 여행, 수익 활동 등을 포함했다.

최근 아이돌의 '학교폭력' 논란이 이슈로 떠오르면서 과거 기록을 공개해야 한다는 조항도 부속합의서에 등장했다. F 소속사는 연습생 G와 전속계약 체결을 논의하면서 부속합의서에 "자신에게 학교폭력, 범죄 사실, 전과 기록 등 사회 통념상 가치 기준에 부합하지 아니하는 과거의 행적, 언행, 기타 기록 등이 있는 경우에는 그 상세한 내용을 소속사에 알려야 한다"고 명시했다. G의 부모는 이 조항과 수익 배분 조항의 수정을 요청했지만, 회사는 받아들이지 않았다. 이에 G 측이 전속계약을 체결하지 않겠다고 하자, F 소속사는 G에게 손해배상 청구 소송을 제기했다.

이외에도 소속사 대표가 프로필 사진 촬영을 빌미로 미성년자 연습생의 신체 노출 사진을 찍거나 노출을 강요해 형사처벌을 받은 사례도 여럿 있다.

한 소속사 임직원의 아이돌 그룹 폭행 의혹 사건에서

해당 그룹을 대리한 노종언 변호사는 "인권유린과 정산금 누락 사건이 굉장히 많다. 특히 연습생 생활을 하다가 학대와 폭행을 당하는 사례가 많다. 연예인은 소송을 하면 의혹의 진위와 상관없이 이미지 훼손으로 사실상 활동을 못 하게 된다. 정산금 소송 역시 승소하더라도 자금을 빼돌리는 경우가 있어 피해 복구가 굉장히 어렵다"고 말했다.

불공정 계약이 잘 드러나지 않는 현실

노 변호사는 케이팝 산업의 문제에 관심을 가져야 할 때라고 말한다. "엔터 산업이 최근 급성장하면서 부작용이 늘었다. 엔터 산업과 관계없는 기업들까지 우후죽순 투자를 하면서 대규모 사기 피해도 발생하고 있다. 결국 이런 피해들은 회사에 소속된 아티스트에게 귀결된다. 그러면서 대형 소속사의 아이돌 시장 독식은 오히려 커졌다. 이런 문제들을 진지하게 해결해야 하는 시기가 왔다고 생각한다"고 지적했다.

표준전속계약서와 부속합의서도 문제지만, 더 큰 문제는 이조차 소속사가 유리하게 수정해 계약이 이루어진다는 점이다. 실제 한 대형 기획사의 아티스트 전속계약서를 입수해 살펴보니 계약 종료 후에도 아티스트 초상권, 지식재산권 등의 사용이 가능하다고 명시하고, 기획사의 권한을 과도하게 넓게 설정하는 등 아이돌에게 현저히 불리한 조항이 적용됐다.

그러나 '을'인 아이돌의 입장에서는 계약서 수정을 요구하지 못하는 게 현실이다. 이는 유명하지 않은 아이돌에게만 해당하는 건 아니다. 인기 있는 아이돌이 재계약할 때도 일어난다. 한 유명 아이돌 측근은 "재계약 당시 변호사를 알아봤는데, 단지 변호사를 만났다는 이유만으로 회사에서 탬퍼링으로 몰아가며 협박했다. 소속사에서는 아이돌의 약점을 모두 알고 있으니 이를 빌미로 재계약을 하는 경우도 비일비재하다"고 증언했다.

소속사는 '비밀 유지 조항'을 넣어 계약이 끝나더라도 계약 내용에 대해 유출하지 못하게 강제한다. 따라서 수많은 아이돌이 불공정 계약을 겪더라도 이를 폭로할 수 없는 구조다. 공정위나 문체부 등에 체결된 계약을 신고하는 방식도 아니다. 결국 소속사가 마음대로 독소조항을 넣어 계약을 맺을 수 있다.

톱스타도 당하는 '깜깜이 정산'

'18년 동안 음원 정산을 한 번도 받지 못한 톱스타.' 1990년대 이야기가 아니다. 불과 3년 전, 그것도 톱스타의 이야기다. 2022년 불거진 일명 '이승기 사태'는 엔터 업계의 부조리를 여실히 보여줬다. 이승기 같은 톱스타조차 정산을 제대로 받지 못했던 것이다.

그동안 기획사는 소속 연예인에게 정산 자료를 의무적으로 제공하지 않아도 괜찮았다. 어디에 얼마를 썼는지 또는 얼마나 벌었는지 아티스트는 알지 못하는 구조였다. 아이돌의 정산 비율도 종종 화두에 오른다. 연습생 비용과 소속사에서 포함하는 각종 비용을 공제한 후에도 9 대 1에서 6 대 4 비율로 나눈다. 물론 비율이 높은 쪽이 기획사다.

논란이 일자 문체부와 국회는 소속사가 아티스트에게 '정산 내역'을 의무적으로 고지하게 하는 일명 '이승기법(〈대중문화예술산업발전법〉 개정안)'을 만들었지만, 실효성에 대해선 의문이다. 아이돌 정산은 실제로 어떻게 이뤄지고 있을까.

아이돌은 수익에서 얼마나 가져갈까

아이돌 산업에서는 모든 비용을 공제한 후에도 아이돌보다 소속사가 더 많이 가져간다. 요즘 트렌드는 7 대 3 혹은 6 대 4이다. 한 소속사 대표는 "최근 중도 이탈 아이돌이 생기면서 초창기는 7 대 3으로 배분하다가 3~4년 차 이후부터 6 대 4 혹은 5 대 5로 중간 조정하는 사례도 많아졌다"고 말한다.

5 대 5 조건일 경우 순수익의 절반을 가져간다고 생각되지만, 그 절반에서 아이돌 그룹의 '멤버 수'만큼 또 나눠야 한다. 멤버 수가 많아지는 만큼 개인이 가져가는 비율은 줄어든다.

정지석 변호사는 "실제 소속사에서는 표준계약서에 적혀 있는 내용보다 더 확대해서 더 많이 공제한다. 또 분배 비율이 9 대 1까지 가게 되면, 멤버가 열 명인 그룹은 한

아이돌 멤버 H의 순수익 대비 정산율

(금액 단위: 만 원)

구분	항목	금액	순수익 대비 정산율
1년 차 1분기	개인별 수익	-1,378	8퍼센트
1년 차 2분기	개인별 수익	1,839	9퍼센트
1년 차 3분기	개인별 수익	1,247	9퍼센트
1년 차 4분기	개인별 수익	1,396	15퍼센트
2년 차 1분기	개인별 수익	5,598	16퍼센트
2년 차 2분기	개인별 수익	6,847	6퍼센트
2년 차 3분기	개인별 수익	12,688	5퍼센트

명당 정산 비율이 90 대 1까지 떨어진다"라고 지적했다.

그렇다면 아이돌은 실제로 얼마나 돈을 벌 수 있을까? 아이돌 멤버 H 씨의 과거 정산표를 입수해 분석했다. 2009년 '표준계약서'가 제정된 이후에 받은 정산서다. 수익 분배 비율은 5 대 5였다.

H 씨는 순수익의 '절반'을 가져가는 '유리한' 조건이었지만, 실제로 수익의 50퍼센트를 가져가진 못했다. 매출에서 모든 지출을 뺀 후 절반은 회사가, 절반은 멤버 여러 명이 나눴다. 데뷔 다음 해인 1년 차 1분기 때는 수익이 마이너스였는데, 이 비용은 2분기에 공제됐다.

소속사가 제공한 정산 자료를 바탕으로 H 씨가 받은 정산금의 비중을 계산해보니 실제 H 씨가 받은 순수익 대비 정산율은 5~16퍼센트로 비율이 매번 달라졌다. 특히 매출이 가장 많았던 때 29억여 원을 번 후 H 씨가 가져간 돈은 1억여 원으로 순수익의 5퍼센트에 불과했다.

소속사가 수익을 산정하는 방식이 매번 달랐기에, 계약서에 명시된 정산 조건은 지켜지지 않았다. 매출과 비용을 한 번에 계산한 후 수익을 나눌 때도 있었고, 음반과 매니지먼트 등 항목별로 나눠 수익을 각각 계산할 때도 있었다. H 씨는 매출과 비용 금액이 의심스러웠다고 말한다.

문제를 제기하자 소속사에서 정산 비율을 높여주겠다며 달랬습니다. 그런데 정산 내역이 이상했어요. 공연 대금을 누락하거나 타 그룹의 손실액을 우리 그룹의 정산 금액에 포함하기도 했습니다.

(비용에) 소속사 대표의 출장비를 포함하고, 프로듀싱비 명목으로 대표가 거액의 돈을 가져가기도 했습니다. 대표를 포함한 회사 임직원의 차량 리스비도 모두 우리 그룹의 비용으로 나갔어요. 무대의상은 대부분 협찬을 받았는데도, 한 무대에 1인당 몇천만 원이 넘는 의상 비용을 공제했습니다. 멤버 1인이 1분기(3개월)에 마신 물값만 600만 원이었죠. 상식적으로 납득이 가지 않는 내역이었어요.

문제는 정산 근거였다. H 씨는 한 번도 정산 증빙 자료를 받지 못했다.

A4용지에 숫자로만 금액이 쓰여 있었어요. 영수증은 본 적도 없고요. 회계사를 고용해 검토해보기도 했습니다. 계약 해지와 손해배상 청구가 모두 가능하다는 답변을 받았지만, 활동을 계속하기 위해 법적 분쟁은 하지 못했습니다.

정산 자료를 요청하면 벌어지는 일

아이돌 그룹 생활을 했던 I 씨는 이렇게 증언했다.

7년 동안 '정산 자료'를 받아본 적이 없습니다. 정산 자료는 둘째 치고 정산을 받아본 적이 한 번도 없어요. 계약서상 정산 비율은 7 대 3, 일정 연차가 지난 후 6 대 4였습니다. 자료나 A4용지로 얼마를 사용하고 얼마를 벌었는지 본 적이 단 한 번도 없습니다. 여기에 이의를 제기한 멤버도 있었는데, 이야기하면 "20억 있으면 내고 나가든가" 하는 식이었어요. 적자가 얼마인지도 정확히 알 수 없었습니다.

소속사에 정산 자료를 요청하는 것은 곧 활동 중단을 의미한다. 몇 년 전 선고된 전속계약 효력 부존재 확인 민사소송 판결에 따르면 아이돌 멤버 J는 전속계약 이후 소속사에 정산 자료를 요청했지만, 3년간 한 번도 내역을 받지 못했다고 했다. 단 한 번 '영수증과 정산 자료'가 누락된 형식적 자료만을 받았다고 주장했다. 법원은 이를 인정해 전속계약의 효력을 인정하지 않았다.

정지석 변호사는 "이승기 씨는 몇십 년 동안 정산이 제로였던 것으로 알려졌다. 소속사들은 계약서에 (편법으로) 독소조항을 넣고, 공제할 비용을 확대한다. 이러한 정산 시스템이 지금도 계속되는 게 문제다. 이 계약 내용을 아티스트 측에서 수정하자고 했을 경우에는 기획사에서 계약을 안 한다. 최소한 아티스트가 기본적인 생활을 할 수 있도록 급여를 주는 등 착취하지 않는 정산 구조를 만들 필요가 있다"고 지적했다.

정산을 제대로 받지 못했다는 아이돌은 너무 쉽게 만날 수 있었다. 오히려 '제대로' 받은 아이돌을 찾기 어려웠다. '이승기법'이 통과돼 2025년 4월에 시행됐지만, 실효성이 있을지는 지켜봐야 한다. 개정된 내용은 이렇다.

> 대중문화예술기획업자는 소속 대중문화예술인의 요구가 있는 경우 제1항에 따른 회계장부 등 해당 대중문화예술인과 관련된 회계 내역 및 제3항에 따라 지급하여야 하는 보수에 관한 사항을 지체 없이 해당 대중문화예술인에게 제공하여야 하며, 요구가 없는 경우에도 소속 대중문화예술인에게 대통령령으로 정하는 바에 따라 이를 제공하여야 한다.

의무적·정기적으로 회계 내역을 공개하도록 규정한 것이다. 이를 제공하지 않았을 때는 1,000만 원 이하의 과태료 부과 대상이다. 문제는 회계 내역의 투명성이다.

물값을 600만 원으로 적어놓은 것처럼, 회계 내역에 적힌 금액을 소속사의 마음대로 할 수 있는 구조다. 중소 기획사에서 데뷔했던 한 아이돌 출신 K 씨는 이렇게 말한다.

소속사는 정산 내역을 제공하지 않았습니다. 대표에게 항의하자, A4용지에 대충 금액을 적어 보여주기도 했어요. 그러면서 "다 마이너스니, 정산할 금액이 없다"는 말만 반복했습니다.

표면적으로는 '동등한' 계약자이지만, 실제로는 철저히 '을'인 아이돌이 제대로 된 정산을 받으려면 소속사의 '선의'에 기대야 한다. 단순 회계장부가 아닌 '증빙 자료'를 명확히 제공해야 한다는 규정이 필요한 상황이다.

팬덤은 왜 '악플' 대응에 나섰을까

 최근 아이돌 그룹의 '팬덤'이 직접 악플 고발에 나서는 경우가 많아졌다. 온라인에서 자극적 콘텐츠를 만들고 가짜 뉴스를 생산하는 사이버레커cyber wrecker 등이 늘어나면서 생긴 현상이다. 뉴진스 팬덤 팀버니즈의 활동도 눈에 띈다. 팀버니즈는 뉴진스에 대한 악성 게시물에 대해 대대적 고발에 나섰다. 팬덤이 아이돌 지키기에 나선 거다.

 이들은 팬덤이 악플과의 전쟁에 뛰어들게 된 이유를 '역바이럴' 때문이라고 말한다. 역바이럴은 단순한 악플과는 다르다. 개인의 일탈이 아닌 기획사 등 특정 단체에서 의도적으로 부정적 콘텐츠를 생산하기 때문이다. 아이돌에 대한 부정적인 바이럴을 모니터링하고, 이에 적극적으로 대응하고 있는 팀버니즈 구성원을 만나봤다.

소속사의 노이즈마케팅, 그리고 역바이럴

Q. 어떻게 팬이 됐나?

팀버니즈 L: 케이팝 아이돌의 팬덤으로 활동한 건 처음이다. 평소에 케이팝을 잘 듣지 않았지만, 뉴진스 음악을 듣고 서서히 알게 됐다.

팀버니즈 M: 케이팝을 오래전부터 좋아해 꾸준히 즐겨 듣고 소비해온 팬이었다. 흔히 1~4세대 등으로 구분하기도 하는데, 예전처럼 기수제로 팬층이 형성되던 시기와 달리 최근 몇 년간은 멤버십에 언제든 가입할 수 있는 등 점점 개인화되는 흐름이 뚜렷했다. 그런데 뉴진스의 경우, 기존 케이팝 팬뿐 아니라 케이팝을 잘 모르거나 관심이 없던 세대까지 끌어들이는 매력이 있었다고 생각한다. 그렇다 보니 팬덤 안에서도 여러 세대와 성별이 공존하는 모습을 자주 느낄 수 있었다.

Q. 팀버니즈로 활동하게 된 경로는?

팀버니즈 L: 처음에는 여느 팬덤이 그렇듯 '음원 총공(총공격)'을 목적으로 만들어졌다. 멜론의 경우 음원이 발매되면 '다운로드 총공'을 해서 순위를 높이려고 한다. 동시에 많은 사람들이 음원을 들었을 때 순위를 조금이라도 더 높일 수 있기 때문에 이를 독려하기 위해 활동하기 시작한 거다. 보통 한 팀당 둘에서 여섯 명 정도 구성돼 있다. 팀원은 고정돼 있지 않고, 서로 승계해주면서 변동된다.

Q. 악성 게시물 대응은 구체적으로 어떻게 하나?

팀버니즈 M: 굉장히 많은 인원이 참여한다. 악플 대응에 있어 여러 법무법인에 맡기고 있다. 모금만으로 충분하지 않아 사비도 많이 사용하는데, 법무법인 측에서도 감액해주는 경우가 있다. 악플 대응은 시간이 생명이기 때문에 여러 인력을 동원하고 있다.

Q. 통상적으로 악플 대응은 소속사에서 하지 않나? 팬덤이 여기에 집중하게 된 이유는 뭔가?

팀버니즈 M: 기본적으로 악플 대응은 비용과 시간이 너무나 많이 소요된다. 악플을 모으고, 해당 내용이 법적으로 문제가 되는지 여부를 선별한다. 이후 변호사에게 넘기는 구조인데, 타이밍이 중요하다. 그래서인지 여력이 충분하지 않은 소속사들은 이에 대응하기가 쉽지 않은 것 같다. 극단적인 경우에는 이런 상황을 방치하는 소속사도 있다고 들었다. 노이즈마케팅과도 연결되기 때문이다.

Q. 부정적인 댓글 등 노이즈마케팅이 아이돌에게 어떤 영향을 미친다고 생각하나?

팀버니즈 L: 케이팝에 관심 없는 사람들도 틱톡, 유튜브, 인스타그램 등에 퍼진 글들을 볼 수 있다. 하나의 논란이 시작되면 영상 한두 개로 그치는 것이 아닌, 수많은 사이버 레커 채널에 올라온다. 처음에 대처하지 못하면 그룹 이미지에 큰 손상이 가는 구조다.

팀버니즈 M: 소속사들이 노이즈마케팅에 유혹을 느끼는 이유는 여러 가지가 있겠지만, 아이돌이 불특정 다수로부터 공격을 받으면 팬들이 그를 보호하기 위해 오히려 더 열성적으로 소비에 나서는 경우가 있다. '아픈 손가락'이 되어버릴 만큼 내부적으로 결속하고 똘똘 뭉치는 모습도 종종 보인다. 옳고 그름을 따지기는 어렵지만, '무플보다 악플이 낫다'는 말이 나올 정도라면 이런 현상이 확실히 존재한다고 생각한다.

노이즈마케팅이 자사 아이돌을 대상으로 소속사가 의도적 관심을 끄는 것이라면, 역바이럴은 주로 타사 아이돌을 대상으로 벌인다고 알려져 있다. 마케팅이 아닌 대중의 반응인 척 부정적 여론을 만드는 것이다.

Q. 그렇다면 의도적으로 악플을 생산하는 역바이럴이 실존한다고 생각하나?

팀버니즈 M: 가능성이 높다고 생각한다. 특히, 전문화된 업체에 의뢰하는 경우 기사화된 사례도 있는 것으로 알고 있다. 역바이럴은 단순히 SNS 계정, 사이버레커만을 이용하는 게 아니다. 최근에는 온라인 기사로도 그 양상이 보인다. 특정 키워드가 담긴 기사가 100건 이상 게재되고, 동시 다발적으로 댓글이 달린다. 댓글들의 키워드나 말투, 내용도 유사하다. 팀버니즈뿐 아니라 다른 팬덤도 역바이럴이 있다는 사실을 인지하고 있다.
역바이럴은 단순 악플과는 다르다. 이 개념이 처음 나온 건 유명 강사를 폄훼하는 내용을 경쟁업체가 조직적으로 퍼뜨렸다는 사실이 인정돼 유죄를 받으면서다. 역바이럴업체가 실존하고, 이를 마케팅으로 이용한다는 사실이 확인된 거다.

팀버니즈 L: 시작점이 언론일 때도, 커뮤니티 글일 때도, 유튜브일 때도 있다. 종류가 다양하다고 보고 있다. 실제로 바이럴을 의뢰받은 사례도 봤다. 지인이 SNS에서 운영하는 음악 채널에 DM으로 바이럴업체에서 연락이 온 거다. 대형 기획사 소속 아이돌에 대한 내용을 올리는 조건이었다. 해당 소속사에서 직접 온 것이 아닌, 바이럴업체에서 왔다고 한다. 물론 이는 역바이럴이 아닌 긍정적 내용의 바이럴 문의였다.

Q. 역바이럴 증거를 확보할 수 있나?

팀버니즈 M: 바이럴업체를 찾는 것도 어렵지만, 해당 업체와 기획사 간의 유착 관계를 증명하는 건 더 어렵다. 예를 들어 언론보도로 소속사 관계자가 골프 접대를 권유받았다는 사실이 알려져도 법적으로 이에 대응할 방법은 없다. 공개되어 있는 바이럴업체들을 조사해보니, 보육원이나 교육원 등 사업자 신고를 제대로 하지 않고 운영하는 곳이 많았다.

팀버니즈 L: 대형 기획사에서 작성한 내부 보고서*를 예시로 들어보자. 리포트에 적힌 비방과 유사한 내용들이 온라인 커뮤니티나 기사에도 있는 경우가 있다. 각 팬덤에서 리포트에 적힌 일자를 기준으로 여러 정황을 찾았다. 그러나 그렇다고 하더라도 해당 기획사가 역바이럴을 직접 의뢰했다는 증거를 찾기는 어렵다.

Q. 팬의 입장에서 볼 때, 악플이 아이돌의 심리에 어떤 영향을 미치고 있나?

팀버니즈 M: 팬으로서는 가슴 아프지만, 많은 아이돌이 내색하지 않는다. 어린아이들에게는 더 큰 영향을 미친다고 생각한다. 지인이 카페에서 공황장애가 온 아이돌을 목격한 적도 있었다. 생을 마감한 아이돌도 많다. 너무나 심각한 정신적 트라우마를 준다고 생각한다.

---

* 2024년 국회 문화체육관광위원회 국정감사에서 한 기획사의 내부 보고서가 공개돼 논란이 일었다. 내부 임원진 공유용 문서로, 타사 및 자사 아이돌을 향한 비방과 마케팅 방식에 대한 내용이 포함돼 있었다.

역바이럴이 아이돌에게 미치는 영향

박송아 대중문화평론가는 역바이럴의 실체를 이렇게 말한다.

미디어와 SNS 플랫폼의 영향력이 커지면서, 의도적으로 특정 아티스트나 콘텐츠를 깎아내리는 행위들은 존재합니다. 단순한 비판이 아니에요. 의도적으로 조성된 악의적 여론입니다.

박 평론가는 2011년부터 약 15년간 엔터업계에 있었다. 현재는 KG컴퍼니 이사로, 플레이브, 정동원, 선미, 멜로망스, 산다라박 등 여러 아티스트의 홍보를 담당하고 있다. 박 평론가는 아이돌 산업에서 역바이럴이 아이돌에게 치명적인 영향을 줄 수 있다고 지적한다.

역바이럴은 부정적인 여론을 퍼뜨려 아티스트의 이미지를 실추시키는 방식입니다. 온라인의 빠른 확산력을 악용하죠. 바이럴마케팅의 반대 개념이에요. 문제는 이 역바이럴은 아이돌에게 치명적인 영향을 준다는 점이죠. 사실 여부와 관계없이 대중의 신뢰가 하락해요. 특히 신인 아이돌의 경우 이미지를 회복하기 어렵습니다. 아티스트 개인에게 심리적 압박과 스트레스를 주며, 활동 중단으로 이어지는 경우도 있습니다.

아이돌을 향한 역바이럴에는 어떤 유형들이 있을까. 박 평론가는 루머 생성, 댓글 조작, 가짜 뉴스, 타 아티스트와의 비교, 검색어·해시태그를 활용한 부정적 이슈 확산 등이 있다고 설명했다. 악의적으로 왜곡하거나 사실이 아닌 내용을 사실처럼 만들어 유포한다는 게 특징이다. 활용하는 채널이 다양하기 때문에 대응이 쉽지 않다. 박 평론가는 기획사의 입장에서는 팬덤과의 협력이 중요하다고 말한다.

팬덤이 직접 루머에 반박하거나 악의적 콘텐츠를 신고하기도 합니다. 팬덤과 소속사의 긴밀한 협력은 리스크 대응에 큰 역할을 하죠. 특히 팬들의 제보는 매우 중요합니다. 커뮤니티 등에서 퍼지고 있는 악성 게시 글을 빠르게 파악할 수 있기 때문입니다.

소속사에서는 온라인 모니터링과 악플에 대한 법적 대응으로 여론을 관리한다. 최근에는 팬덤과의 협력에 더해 AI 모니터링 시스템을 적용하면서 대응 전략에도 변화가 생겼다. 그럼에도 역바이럴 대응은 쉽지 않다. 박 평론가는 역바이럴, 악플 규제를 위해서는 제도적 개선이 필수라고 강조한다.

우선 플랫폼 책임을 강화해야 합니다. 포털사이트, 커뮤니티 등 플랫폼이 자체적으로 AI 필터링 시스템을 강화하고 반복적으로 악플을 작성하는 사용자를 제재해야 해요. 댓글 실명제 도입이나 법적 처벌 강화도 고려할 필요가 있고요. 기사도 문제예요. 클릭 수를 겨냥한 낚시성 기사가 많아지고, 이로 인해 과도하게 부풀려진 논란이 생산되고 있습니다.

박 평론가는 엔터사에서 홍보를 담당하면서 오랜 기간 아티스트들을 가장 가까이에서 지켜봤다. 그가 보는 아티스트의 심리적 건강은 어떨까.

악플과 역바이럴은 아이돌의 삶에 직간접적으로 매우 큰 영향을 미쳐요. 아이돌은 대중의 사랑을 기반으로 활동하는 동시에 대중의 평가에 가장 많이 노출되는 직업이죠. 특히 아이돌은 청소년기나 20대 초반의 어린 나이에 데뷔하는 경우가 많아요. 심리적으로 더욱 큰 타격을 입을 수 있습니다.

그는 악플로 인해 심리적 고통을 호소하는 아이돌을 직접 지켜봤다고 말했다.

한 아이돌 그룹 멤버가 악의적 악플에 시달리면서 큰 어려움을 겪었습니다. 당시 소속사의 빠른 대응으로 정리는 됐지만, 이미 아티스트는 상처받은 상태였어요. 해당 멤버와 개별 상담도 했고, 회복하는 데 긴 시간이 걸렸어요.
역바이럴은 단순한 해프닝이 아니에요. 한 사람의 삶과 커리어를 좌우할 수 있는 심각한 문제라는 것을 매번 실감합니다. 소속사가 지속적으로 여론을 모니터링하고, 아티스트를 보호하기 위해 적극적인 대응 체계를 마련해야 하는 이유입니다.

체계적인 정신건강 관리의 중요성

박 평론가는 케이팝이 지속 가능해지려면 아티스트의 건강과 휴식이 보장되어야 한다고 말한다. 케이팝이 급성장한 만큼 아티스트의 건강, 공정한 시스템 등이 개선되어야 한다는 것이다.

과도한 스케줄과 경쟁으로 인한 아이돌의 건강 문제가 대두하면서 소속사들도 아티스트의 심리적·신체적 건강을 관리하는 시스템을 강화하고 있어요. 케이팝 산업은 치열한 경쟁 속에서 빠르게 콘텐츠를 생산하는 구조를 가집니다. 이로 인해 아티스트들은 과도한 스케줄과 높은 압박감에 시달리는 경우가 많아요. 신인 시절부터 혹독한 연습과 무리한 활동이 이어지며 건강을 해치는 사례도 빈번하고요. 이는 결국 아티스트의 장기적 활동에도 영향을 줍니다. 심리적으로는 악플, 루머, 여론의 부정적 평가가 심각한 스트레스를 유발합니다. 아티스트들이 심리상담과 돌봄을 받을 수 있도록 체계적인 정신건강 관리 시스템이 필요한 상황입니다. 한국콘텐츠진흥원 공정상생센터에서 2011년부터 연예인, 연습생 심리상담 사업을 진행하고 있지만, 소속사에도 전문 상담사가 필요합니다.

엔터업계가 지속적으로 성장하기 위해서는 지속 가능한 시스템을 구축해야죠. 산업 전반이 문제를 꾸준히 인식하고 개선해나가며, 모두가 상생할 수 있는 구조를 만들어가는 것이 앞으로의 과제입니다.

K-POP,
IDOLS IN WONDERLAND

3. 시선

국경을 넘는 케이팝

아이돌 육성 시스템, 미국에서 받아들여질까

"케이팝 스타의 삶은 다른 가수와는 조금 다르다. 오히려 올림픽 체조선수에 더 가깝다."[*] 박진영 JYP 대표가 미국에서 오디션을 진행하면서 한 말이다. 케이팝 시스템에 대한 미국의 비판 여론을 의식해서였을까. 그는 케이팝 아이돌을 엘리트 체육으로 대표되는 '올림픽 체조선수'에 비교했다. 아이돌은 여느 가수와 '다르다'는 것이다.

케이팝은 이미 미국에서 성공했다. BTS가 앨범을 내면

---

[*] 원문은 "The life of a K-pop star is a little different from other artists. It's more close to an Olympic gymnast"이다. 출처는 다음과 같다. https://www.youtube.com/watch?v=Hw2anuIsb3I

빌보드 1위를 차지한다. 블랙핑크, 에이티즈, 스트레이 키즈 등 그룹도 빌보드와 스포티파이를 '국내 차트'처럼 오르내린다. 이제 기획사들은 아이돌 수출을 넘어 '케이팝 육성 시스템'을 수출하고 있다. 아시아를 접수한 국내 대형 엔터사들은 '미국'으로 눈을 돌렸다. JYP는 걸그룹 비춰VCHA*를, 하이브는 걸그룹 캣츠아이KATSEYE를 선보였다.

2023년 8월 미국 현지 걸그룹 오디션 프로그램 〈더 데뷔: 드림 아카데미The Debut: Dream Academy〉와 관련한 기자 간담회에서 방시혁 하이브 의장은 오래전부터 케이팝의 방법론에 기반해 다양한 국가 출신의 인재들을 육성하고, 이들과 함께 케이팝 스타일의 글로벌 그룹을 만들고 싶었다고 밝혔다. 프로젝트 대표인 미트라 다라브Mitra Darab 씨도 프로젝트의 육성 프로그램은 전통적인 케이팝 아이돌 시스템과 다르지 않다며 T&D training & development 시스템은 케이팝 핵심 방법론의 하나로, 이것을 미국으로 가지고 와 접목하고 싶었다고 말하기도 했다.

아이돌 수출과 아이돌을 키우는 '시스템' 수출은 다른

---

* 2025년 8월 비춰는 멤버 개편 후 팀명을 걸셋GIRLSET으로 변경했다.

문제다. 특히 케이팝 육성 시스템이 '가혹하다'는 비판이 나오는 미국에서 한국과 동일한 시스템을 정착시킬 수 있을지는 미지수다. 미국에서 연습생을 만들고 아이돌을 제작할 수 있을까? 미국인은 케이팝 육성 시스템을 어떻게 받아들일까?

김헌식 대중문화평론가는 케이팝의 아이돌 육성 시스템 수출을 두고 이렇게 평가했다.

> 유럽과 미국에는 아이돌 육성 시스템이라는 개념이 없습니다. 온전히 한국에서 하는 방식으로 아이돌 시스템을 경영하기에는 여러 가지 문제가 있을 수도 있죠. 인권 감수성이 다르기 때문입니다. 예를 들어 미국 캘리포니아주 같은 경우 청소년의 학습권을 굉장히 철저하게 보장합니다. 한국서와 똑같이 한다면 곤란한 문제, 법적 소송 문제까지도 발생할 수 있어요.

독일에서 엔터사를 창업한 이상훈 진엔터테인먼트 대표는 유럽에 분명 케이팝 소비층이 있지만, 그들이 '아이돌'이 되고 싶어 할지는 의문이라고 말한다.

해외에 있는 한국인에겐 케이팝이 글로벌화되는 게 굉장

히 좋습니다. 수요층도 분명하고요. 다만 육성 시스템을 수출하는 것에 대해서는 의문이 듭니다. 유럽은 굉장히 자율적이죠. 본인이 스스로 노력해야지 성과를 낼 수 있는 문화이다 보니 외부 시스템이 강압하면 거부감이 생길 수밖에 없습니다.

케이팝이 미국에서 인기를 얻는 만큼 케이팝 아이돌이 되고 싶어 하는 미국인도 늘었을까? 뉴욕 최대 규모의 케이팝 댄스 스튜디오 '아이러브댄스I LOVE DANCE'의 엠제이 최MJ Choi 대표를 만났다.

한국 문화에 대한 미국의 관심

최 대표가 미국 뉴욕에 처음 온 건 1997년, 무려 28년 전이다. 춤을 배우러 온 최 대표는 아르바이트로 댄스 강사를 시작했다. 뒤늦게 댄스를 배우면서 겪었던 어려움을 누구도 경험하지 않았으면 하는 마음에서다.

동호회로 시작한 댄스 수업의 수강생은 다섯 명에서 일곱 명, 그리고 열 명으로 천천히 늘었다. 그렇게 3년이 지나자 몸이 부족할 정도로 수강생이 넘쳤다. 뉴욕 퀸스에서 작게 시작한 학원은 뉴욕 맨해튼, 뉴저지주에까지

지점이 생겼다. 지금은 1,000여 명의 수강생과 15명의 강사가 있는 뉴욕 최대 케이팝 댄스 스튜디오가 됐다.

최 대표가 처음부터 '케이팝'을 가르친 건 아니다. 댄스 강사를 처음 시작한 2006년에는 케이팝이라는 단어도 몰랐다.

2007년 즈음 원더걸스의 〈텔 미〉가 국민 댄스가 되면서 한국에서 온 유학생들이 '방송 댄스'도 가르쳐달라고 요청했어요. 저도 그때 처음 케이팝을 공부해 가르쳤습니다.

'미국인'에게 방송 댄스 수요가 생긴 건 2009년부터다. 한국 문화에 관심이 있거나 케이팝 아이돌을 좋아하는 미국인들이 아이러브댄스를 찾아오기 시작했다.

2010년부터는 수강생의 과반수가 외국인이었습니다. 사실 그때도 케이팝이 유행할 때는 아니었죠. 그러다 2012년 〈강남스타일〉이 나오면서 그 인기를 피부로 느꼈습니다.

수강생 중에는 케이팝 아이돌의 팬도 있지만 '한국 문화' 전반에 관심 있는 경우도 많다.

한국 음식을 먹고 화장품을 사용하고, 영화와 프로그램을 보고 한국어학당을 다니면서 한국말을 배우는 외국인들이 많습니다. 한국 문화에 대한 전반적인 관심이 커진 상태입니다.

수강생의 연령층도 다양하다. 10대부터 30대까지 골고루 분포한다. 간혹 수강생의 부모들도 수업을 듣는다. 수강생으로 들어와 강사가 된 사람도 있다. 최 대표는 나름의 시스템을 만들어 강사를 육성했다.

지금 옆 책상에 앉아 있는 선생님도 초창기 학생이었어요. 규모가 커지니 저 혼자서 하기는 어려웠습니다. 오래 수업을 들은 학생들을 대상으로 트레이닝을 했죠. 그렇게 선생님이 된 사람들도 꽤 있습니다.

미국인들이 한국 문화에 관심이 커지면서 공연 요청도 쇄도한다. 수강생들과 강사들로 구성된 아이러브댄스 댄스팀은 미국 전역으로 공연을 다닌다. 한국인으로서 보람을 느끼는 순간도 많다.

동양인이 거의 없는 사립학교에 가서 공연을 한 적이 있습니다. 전교 학생 중에 동양인은 15명, 그중 한국인은 일곱 명 정도밖에 없었어요. 피부색이 같은 선생님들이 와서 케이팝 댄스를 추니 이 아이들이 한국인이라는 사실에 굉장히 자부심을 느꼈다고 교장선생님이 말하더라고요.

"학교는 어떻게 하나요?"

아이러브댄스에 오는 사람들 중 케이팝에 관심이 없는 사람은 없다.

이곳 사람들은 케이팝 아이돌을 '종합 선물 세트'라고 여기는 것 같습니다. 선물을 열면 건빵도 있고, 사탕도 있고, 다양한 과자가 있는 것처럼 좋아하는 게 다양하게 있는 거죠. 이 멤버는 이래서, 저 멤버는 저래서 좋고, 랩도 좋고, 퍼포먼스도 좋고…. 그런 느낌입니다.

케이팝을 좋아하는 미국인들이 아이러브댄스에 몰리자, 한국 엔터사도 관심을 보였다.

기획사에서 연락이 와서 추천하기도 하고요, 수강생이 직접 오디션에 지원해 합격하는 경우도 있습니다. 데뷔한 친구들도 몇 명 있죠. 다만 전체 수강생 비율을 고려하면 아이돌을 희망하는 친구가 그렇게 많지는 않습니다. 대부분 취미로 배우고 있습니다.

케이팝의 인기에 비해 '연습생 후보'를 고르는 일은 쉽지 않았다. 최 대표는 1,000여 명의 수강생 중 20명 정도의 학생만 아이돌이 되기를 원한다고 말한다.

우리 모두 알고 있잖아요. 케이팝 트레이닝이 어떻게 돌아가는지. 동양인은 시스템에 들어가는 게 익숙하지만, 미국은 완전히 다릅니다. 미국인은 중고등학생 때부터 본인이 직접 결정해서 수업을 듣고, 봉사 활동을 해요.

최 대표는 아이돌 육성 시스템이 미국에도 적용될지는 의문이라고 말한다.

미국 친구들은 워낙 남이 하는 걸 따라 하는 시스템에서 자라지 않았기 때문에 한국에서 했던 그대로 여기서 하면 아이들이 지칠 것이고, 이게 과연 내가 원하던 게 맞는가 하는 질문이 나올 겁니다. 재능 있는 미국인 수강생에게 연습생을 제안한 적이 있는데, 듣자마자 "학교는 어떻게 하나요?"

라고 묻더군요. 아이의 부모님 역시 같은 질문을 했죠. 정말 춤을 잘 추는 친구였는데, 더 권유할 수가 없었습니다.

연습생이 되기 위해서는 많은 희생이 따른다. 최 대표는 그런 한국식 시스템에 미국인이 잘 적응할 수 있을지 모르겠다고 말한다.

자신만의 음악 색깔이 있는 가수를 지원하는 미국 레이블* 과 달리 한국은 가능성 있는 친구들을 뽑아서 색깔을 입히고 만들어줍니다. 미국인을 이 시스템에 넣으면 튕겨 나갈 가능성이 높다고 생각합니다. 그래서 시스템을 도입하더라도 미국인 성향에 맞는 방향으로 수정하지 않을까 합니다.

극심한 다이어트, 성형에 대한 압박

2005년생 로런의 이야기는 미국인이 아이돌 연습생 시스템을 어떻게 받아들이는지 여실히 보여준다. 그는 미국에서 태어나 그곳에서 자란 한국계 미국인이다. 부

---

* label. 뚜렷한 특성을 지닌 음반사를 개별적으로 이르는 말.

모님은 한국 교포지만, 로런은 한국어를 따로 배우진 않았다. 들으면 일부 알아듣지만, 말은 잘 못한다.

자라는 동안 엄마가 항상 케이팝을 들려줬어요. 제가 본격적으로 관심을 품은 건 아마도 중학교 1학년쯤이었을 거예요. BTS가 인기를 끌던 시기였어요. 어렸을 때부터 저는 연극을 좋아하고, 노래하는 것도 좋아하고, 춤추는 깃도 좋아했어요.

정체성에 대한 고민도 있었다.

한국계 미국인이지만, 사실 저는 스스로를 미국인이라고 생각해요. 한국어는 잘 못하고, 미국 학교를 다녔기 때문에 미국적인 도덕과 가치를 많이 배웠어요. 다만 엄마 덕에 다른 미국 친구들과는 조금 다르다고 느꼈습니다.

뉴저지주에 사는 로런에게는 '브로드웨이'가 코앞이었지만, 뮤지컬 배우를 꿈꾸진 못했다. 동양인인 로런에게 브로드웨이는 닫힌 문이었다.

브로드웨이나 뉴욕에서 활동하는 사람들을 보면 대부분 백

인입니다. 그런데 무대에서 제가 좋아하는 일을 하는 한국 사람들을 보면서 저도 시도해보고 싶다는 생각이 들었어요.

중학교 3학년이 된 2018년, 로런은 한국에 가기로 결정했다. '케이팝 아이돌'이 되기 위해서다.

저는 백인이 아니기 때문에, 한국에 가야 기회가 많을 거라고 생각했어요. 그리고 한국의 트레이닝 문화나 아이돌 문화를 직접 경험하고 싶었어요.

로런은 1년간 한국에 머물면서 아이돌 트레이닝 전문 학원에 다녔다. 로런의 부모님은 학원비로 2만 달러(약 2,700만 원)를 지불했다. 로런은 당시 학원 분위기를 이렇게 회상한다.

전체적으로 압박감이 있었어요. 특히 체중이나 외모에 대한 압박이 심했죠. 아이들이 체중 감량을 위해 식사를 거르거나 물을 마시지 않는다고 했어요. 오디션장 입구에는 체중계가 있었고, 오디션에서 체중과 키를 묻기도 하고요. 저는 2005년생인데, 2010년생들도 많았어요. 당시 열 살 정도 아이들이죠. 그런 어린아이들이 50킬로칼로리 젤리를 먹으면서 다이어트를 하는 것도 봤어요.

미국에서는 성형수술에 대해 민감하게 반응하지만, 한국에서는 당연하게 여기는 것도 놀라웠어요. 외모는 바꿀 수 없다고 생각했지만, 한국에서는 아니었죠. 다행히 저는 한국말을 못하는 '외국인'으로 여겨졌기 때문에 그런 압박에서는 다른 한국 친구들보다는 자유로운 편이었습니다.

로런은 매일 댄스와 보컬 연습을 했다. 열다섯 살의 로런과, 열에서 열한 살 학원 친구들은 레슨이 끝난 후에도 연습실에 남았다. 연습실에 오래 남아서 연습해야만 아이돌이 될 수 있다는 분위기가 조성돼 있었다. 집에 오는 시간은 밤 11시. 함께 한국에 온 어머니는 매일 로런과 늦은 저녁을 먹었다.

엄마를 걱정시키지 않기 위해 함께 저녁을 먹고 점심은 몰래 굶었어요. 저는 마른 체형이었는데도 다이어트 압박이 계속 있었어요. 정신적으로도 스트레스가 컸습니다.

정신건강 간과하는 연습생 문화

로런이 가장 이해하기 어려웠던 부분은 바로 '어린 나

이'에 대한 집착이었다.

왜 이렇게 어린 나이에 시작하는지 이해가 안 갔어요. 아마도 더 이상적인 체형으로 만들기 위해서일 수도 있고, 어린 아이들은 더 쉽게 조종할 수 있어서일 수도 있죠. 나이가 어릴수록 더 유리했고, 저는 나이가 많다는 느낌을 받았어요. 미국에서는 그런 압박을 받은 일이 없어요. 학교에서도 특정 기준이나 고정관념에 맞추라는 압박을 받지 않았어요. 한국에서는 그런 압박을 강하게 느꼈어요.

1년 후 로런은 '아이돌'의 꿈을 포기하고 미국으로 돌아왔다. 다시 공부해 뉴저지주에 있는 럿거스대학교 약학대학에 합격했다. 로런은 대학에 진학하는 것보다 '케이팝 아이돌'이 되는 게 더 힘들다고 말한다. 아이돌이 되는 건 노력과는 무관한 영역이었기 때문이다.

공부하는 것보다 케이팝 연습생이 되는 과정이 훨씬 더 어렵다고 생각해요. 학교에서는 공부하면 결과가 나오지만, 케이팝에서 중시하는 외모나 나이 같은 변수는 내가 바꾸기 힘들거든요. 시간적 압박도 크고, 데뷔할 기회도 제한적이고요.

로런은 한국에서의 경험을 후회하지는 않는다. 다만 어린 친구들을 걱정했다.

많은 친구들이 연습 때문에 학교를 그만두거나, 학교를 다니면서도 교육에는 신경 쓰지 않고 연습과 오디션에만 집중했어요. 아이돌이 못 됐을 때는 대처할 방법이 없어요. 교육을 제대로 받지 않았으니 다른 직업을 찾기 어렵죠. 아이들이 인생을 완전히 낭비하지 않도록 안전장치가 필요하다고 생각해요.

미국에 아이돌 육성 시스템이 도입될 수 있겠냐는 질문에 로런은 이렇게 답했다.

한국 생활이 힘들 거라고 각오했는데도 생각보다 더 어려웠어요. 신체적 어려움뿐 아니라 정신적 압박이 정말 심했습니다. 한국에서는 정신건강에 대한 중요성을 인지 못 하는 경우가 많았어요. 하지만 미국 사람들은 정신건강에 대한 인식이 높고, 이런 문제엔 즉시 반응을 보이죠. 미국에 시스템이 수출되면 미국인들이 어떻게 반응할지 사실 궁금합니다.

최초의 '전원 외국인 그룹'이 던진 질문

'전원 외국인' 케이팝 아이돌. 이제는 익숙해진 수식어지만, 불과 몇 년 전만 해도 멤버 전원이 외국인인 그룹은 찾아보기 어려웠다. 케이팝 아이돌이 세계적 인기를 얻으면서 '케이팝'의 정체성도 중요한 쟁점이 됐다. 특히 대형 기획사들이 해외에서 '현지화 아이돌'을 만들면서 '케이팝'이 무엇이냐는 질문이 꼬리표처럼 따라붙는다.

이 질문을 무려 10여 년 전에 던진 그룹이 있다. '뉴요커 출신' 보이그룹 이엑스피에디션EXP EDITION의 이야기다.

케이팝 - 한국인 = ?

"'케이팝'이 무엇인가요?" 내로라하는 엔터테인먼트

국내 최초의 전원 외국인 아이돌 '이엑스피에디션'.

관계자들에게 물어도 쉽게 대답이 나오지 않는다. 그만큼 케이팝을 정의하기는 쉽지 않다. '라틴팝' '힙합' 등과 같이 '음악적' 장르로 구분되지 않기 때문이다. 더구나 다국적 그룹이 흔해지면서 더 이상 국적이나 인종만으로도 케이팝을 정의 내리기 어려워졌다.

뉴욕 컬럼비아대학교대학원에서 미술을 공부하던 김보라 대표는 케이팝업계에 '첫 질문'을 던졌다.

고등학생 때는 H.O.T. 팬이었습니다. 그 후에는 전혀 관심이 없었죠. 나중에 미국 유학을 왔는데, 외국 사람들이 한국 사람들보다 더 한국 문화에 대해 이야기하는 거예요. 여기서 만난 한 일본인 친구는 투애니원을 좋아한다고 했어요. 여기 사람들은 케이팝을 통해서 한국을 처음 알게 되더라고요.

사회학과 미술을 전공하는 '한국인 여성'으로서 미국에서 어떤 작품을 만들 수 있을까.

당시에 제가 한국인이라는 정체성을 가지고 풀어나갈 수 있는 작업은 단연 '케이팝'이었어요. 한국의 대중문화기 케이팝이 된 상황에서 제 의문은 '진짜 한국적인 것이 무엇일까?'였죠. 자연스레 케이팝의 정체성에 대해서도 고민하게 됐습니다.

케이팝이 미국 사회에 던지는 '순기능'도 있었다.

미국 사회는 전통적인 남자다움을 특히 중요시하죠. 그런데 케이팝 아이돌이 인기를 얻으면서 아시아 남성에 대한 이미지를 긍정적으로 바꿨다고 생각했습니다. 이전에는 조롱의 대상이었다가, 지금은 매력적인 존재가 된 거죠. 이걸 사회학적으로 어떻게 풀이할 수 있을지, 또 예술적으로는 어떻게 접근할 수 있을지 의문도 있었습니다.

케이팝에서 '한국인'을 빼면 무엇이 남을까? 김 대표는 뉴욕에서 '보이그룹'을 만들기로 결심했다. 2014년 여름, 졸업 전시를 목표로 아이돌 멤버를 모집했다. 브로드웨이 무대를 꿈꾸던 '뉴요커'들은 김 대표의 'I'm Making A Boy Band(보이밴드를 만들려 해)' 프로젝트에 폭발적인 관심을 보냈다. 오디션에만 무려 150여 명이 지원했다.

처음에는 실험 다큐멘터리 프로젝트를 촬영할 계획이었습니다. 여러분들이 케이팝 보이밴드가 되어가는 과정을 촬영할 거라고 했죠.

그렇게 최초의 전원 외국인 보이그룹 '이엑스피에디션'이 탄생했다. 말 그대로 실험experiment적인 그룹이다.

이렇게 모인 여섯 명의 뉴요커 멤버들은 뉴욕에서 케이팝 노래와 춤을 연습했다. 김 대표는 졸업반 친구들을 섭외해 앨범 사진을 촬영하고, 무대의상을 만들고, 노래를 작곡했다. 콘셉트를 정하고, 음악을 만들 때는 모두가 모여 머리를 싸맸다. 뉴욕에 있는 미술관, 박물관에 초대받아 공연을 하러 다니기도 했다.

아이돌 제작에 많은 돈이 들어간다는 건 익히 알려진 사실이다. 제작비는 어떻게 해결했을까.

대학원을 다닌 덕을 봤습니다. 초창기에는 주변 친구들에게 부탁해서 꾸려나갔습니다. 돈이 부족하면 제 디지털카메라를 팔아서 충당하는 식이었죠. 제가 가진 물건들을 조금씩 팔면서 프로젝트를 진행했습니다.

서구 남성에겐 생소한 애교 문화
가장 중요한 건 한국에 가본 적도 없는 멤버들을 '케이팝 아이돌'로 만드는 일이었다. 단순히 한국말로 노래하고, 군무를 추는 것에 만족하지 않았다. 김 대표는 이들에게 한국 문화를 가르쳤다.

한국어 수업을 직접 하고, 예능 프로그램과 한국 문화도 소개했습니다. 모여서 '애교 수업'도 했어요. 애교의 개념부터 가르쳤죠. 다들 노래와 춤을 좋아하는 친구들이었지만, 모두가 케이팝 팬은 아니었거든요. 그렇다 보니 케이팝에 대해서도 공부하고, 따라 해보는 '문화 수업'도 했습니다. 멤버들도 프로젝트에 열성적으로 참여했습니다.

김 대표는 직접 예능 프로그램을 찾아보고, 공부해 수업 자료를 만들었다. 멤버들을 모아놓고 한국 예능을 가르쳤다.

화장을 하고, 예쁘게 꾸민 남성들의 모습도 뉴요커에겐 충격이었다. 크로아티아에서 나고 자란 멤버 시메 코스타 Šime Košta 씨도 마찬가지였다. 시메는 이렇게 회상한다.

어릴 적 동네 교회에서 노래를 부르고, 지역 축제와 전국 TV 프로그램에 출연해 공연하기도 했습니다. 예술고등학교에 다니면서는 오페라와 피아노를 배웠습니다. 제 인생에서 음악은 항상 큰 비중을 차지했습니다. 가수가 되기 위해 미국 대학을 갔고, 이후 제 꿈은 '브로드웨이' 뮤지컬 배우가 됐죠.

하지만 뮤지컬 배우가 되는 것은 쉽지 않아 방향을 바꿨다.

당시 제 신분은 외국인이었기 때문에 노동조합에 가입할 수 없었고, 이 때문에 뮤지컬 오디션을 보는 일이 쉽지 않았습니다. 식당 서빙을 하면서 생활비를 벌던 와중 이엑스피에디션 오디션을 알고 지원하게 됐습니다. 케이팝이 무엇인지는 잘 몰랐지만, 노래 부르는 일은 좋았으니까요.

케이팝 아이돌이 되는 것 역시 결코 쉽지 않았다.

경험하는 모든 것이 큰 도전이었습니다. 서구의 남성성 개념 안에서 자란 우리는 처음 접하는 문화였습니다. 전부 배워야 하는 것들이었습니다. 처음에는 혼란스러웠지만, 받아들이려 노력했습니다. 케이팝은 그 자체로 충격이었습니다. '빅뱅'의 무대를 처음 봤을 때 느낀 충격을 아직도 잊지 못해요. 퍼포먼스는 뮤지컬 같았고, 무대의 흐름은 마치

연극 같았습니다. 완성된 무대를 보여주는 케이팝에 점점 매료됐죠.

멤버들은 프로젝트에 진심이었지만, 미국 사회는 비판적이었다. 김 대표는 당시 상황을 이렇게 설명했다.

저희가 전혀 예상하지 못한 문제가 생겼습니다. 미국은 '문화적 도용'*에 굉장히 민감합니다. 한국인이 아닌데, 케이팝을 한다는 것을 두고 논쟁이 일었습니다. 온라인으로 이슈도 됐죠. 굉장히 심각했습니다.

'희생'으로 만들어진 산업

미국에서 이엑스피에디션은 존재 자체만으로 '논란의 중심'에 있었다. 그러나 '논란'으로만 끝날 수는 없었다. 2015년 봄, 이엑스피에디션은 김 대표의 졸업 전시 날짜에 맞춰 음원을 발매했다. 그리고 2016년 마침내 '한국'으로 왔다.

---

* cultural appropriation. 한 문화 집단이 다른 집단의 전통문화를 무단으로 사용함을 뜻한다.

다음 수순은 당연히 한국에 가는 것이었습니다. 한국에 가기 어렵다는 의사를 밝힌 멤버 두 명을 제외하고 나머지 멤버들은 한국으로 왔습니다. 크라우드펀딩을 통해 소정의 돈을 모으고, 투자자를 찾았죠. 지인을 통해서 소액을 투자 받고 아임어비비IMMABB. I'm Making A Boy Band라는 회사를 설립했습니다.

한국에 온 멤버들은 여느 케이팝 아이돌처럼 숙소 생활을 하고, 단체 연습을 했다. 김 대표는 한국어 선생님, 댄스 트레이너, 매니저를 직접 섭외했다.

미국과 달리 한국에서 이엑스피에디션은 큰 호응을 얻었다. 전원 외국인, 그것도 뉴요커 멤버라는 신선함이 통한 것. 2017년 〈LBMA 한류스타 시상식〉 글로벌 케이팝 신인상과 〈국제 케이스타 어워즈〉 해외 아티스트 부문 우수상을 받았다. 같은 해 〈서울 한지문화제〉와 제8회 〈인천공항 bbb-day 캠페인〉 특임 홍보대사로 임명되기도 했다.

여느 아이돌과 같이 '소속사'에 대한 불만은 없었을까. 시메는 이렇게 말한다.

한국의 다른 아이돌하고 깊은 이야기를 나눌 기회는 없었지만, 저와 보라 같은 관계는 아닌 걸 알 수 있었죠. 이 활동으로 돈을 벌지 못했고, 그런 걸 가족들은 전혀 이해하지 못했지만, 저는 괜찮았습니다. 당시에 돈이 그렇게 중요하진 않았으니까요. 보라와는 친구 같은 관계였고, 한국에서 생활할 때도 숙식이 모두 제공됐습니다. 용돈도 받았죠. 정기적으로 보라의 어머니와 코스트코에 가서 먹을거리를 샀어요.

한국에서 승승장구하던 이들은 코로나19 팬데믹 이후 돌연 자취를 감췄다. 김 대표는 이엑스피에디션의 활동 중단은 자연스러운 수순이었다고 말한다.

저는 사업을 하려던 사람이 아니잖아요. 엔터테인먼트 사업을 업으로 할 생각은 전혀 없었습니다. 미국에서 예술을 하다 한국에 오니 사업이 된 경우인데, 사실 너무 힘들었습니다. 방송국의 납득할 수 없는 요구나 업계의 이상한 문화들을 이해하기는 어려웠어요. 비용 문제도 있었습니다. 공연이나 행사도 했지만, 모든 게 적자였습니다. 멤버들 모두 향수병에 걸렸어요. '성공'에 대한 압박 때문에 스트레스도 정말 컸습니다.

김 대표가 겪은 케이팝은 '희생'이었다.

케이팝업계에 있는 모든 사람이 열정으로 일하더라고요. 다들 개인 삶이 없었어요. 다 포기하고 작품을 만들기 위해 노력하는 거죠. 그런 사람들의 희생으로 만들어진 산업이 아닌가 합니다. 그래서 케이팝이 성공할 수 있었다고도 생각하고요. 활동을 끝내고 미국에 돌아왔을 때 다들 큰 트라우마를 겪은 느낌이었어요. 몇 년이 지난 지금은 조금 다르게 평가할 수도 있겠지만, 그때는 정말 힘들었습니다.

뉴요커의 눈에 비친 한국 연예계

크로아티아에서 자라 미국에서 공부한 시메는 케이팝 아이돌 생활을 어떻게 회상할까.

한국에 있을 때 연습실을 빌려서 사용했고, 그 장소를 다른 회사 연습생들도 사용했어요. 여자 연습생이었는데, 그들의 체중이 칠판에 기록돼 있었죠. 그걸 보면서 미국에서는 이게 받아들여지지 않으리란 생각을 했습니다. 한국은 굉장히 체계적이고, 구조화돼 있고, 딱딱한 분위기였습니다. 음악방송이 끝난 후에 모든 그룹이 줄을 서서 피디에게 감사 인사를 하는 것도 '문화 충격'이었습니다. 만약 그들을 이끄는 사람들과 의견이 맞지 않을 때 목소리를 높일 기회가 있을까 하는 의문도 들었습니다.

미국으로 돌아온 시메는 애리조나주에서 뮤지컬 공연을 하는 배우가 됐다. 부동산 중개도 함께 하고 있다. 시메는 이엑스피에디션이 '의미 있는' 시도였다고 말한다.

뉴욕으로 막 돌아왔을 때는 스스로를 실패자라 여겼지만, 지금은 매우 자랑스럽습니다. 예전에는 케이팝이 무엇인지도 몰랐지만, 지금은 많은 사람들이 열광하죠. 우리가 선두에서 "케이팝이 뭐야?"라는 대화를 시작했고, 누군가 이 대화를 계속 이어나갈 거라고 생각합니다. 한국의 대형 엔터사들이 미국에 아이돌 육성 시스템을 가져올 때 우리의 경험을 자원으로 삼으리라 생각합니다.

시메와 김 대표는 여전히 한국과 케이팝을 사랑한다. 그러나 이들에게 한국에서의 생활은 공포였다. 대중의 시선보다 힘들었던 건 연예계 문화였다. 한국에서 쉽게 발생하는 '정산 문제'나 기획사의 '강압'에 대해 물었을 때, 시메는 이해하지 못했다. 친구 같은 보라와는 '위계관계'의 개념이 없었던 것이다.

이들은 곡을 만들 때도, 콘셉트를 정할 때도, 한국으로 활동 무대를 옮길 때도 동등한 위치에서 논의했다. 물론 제작비를 구하거나 투자금을 모으는 일은 김 대표의 일이었다. 시메는 당시 서로 '완벽히 이해하고 있었다'고 표현했다. 항상 의견을 나누고, 합작하는 협력 관계였다는 거다.

시메는 브로드웨이를 목표로 뉴욕에 온 유럽 출신이었다. 브로드웨이에 서기 위해 뉴욕에 온 청년들도 낮에는 식당 일을 하고, 밤에는 무대에 선다. 케이팝에서 기인하는 문제는 단순히 '돈' 때문은 아니다.

> 우리가 미국에서 왔기 때문인지, 관계가 매우 편안했습니다. 한국에서는 보라를 '대표님'이라고 부르고, 모든 사람들을 직함으로 부르죠. 서로 존댓말을 사용합니다. 이런 기본적인 것들이 한국의 분위기를 만듭니다.

한국인 대표와 한국 문화를 배운 외국인 멤버들은 결국 문화적 차이를 극복하지 못했다. 최근 한 미국 현지화 아이돌 역시 소속사를 상대로 소송을 제기했다. 미성년자인 그를 직원들이 학대했다는 주장이다. 그에게 정확히 어떤 일이 있었는지는 밝혀지지 않았지만, 우리는 묻지 않을 수 없다. 한국에서 하는 트레이닝을 미국에서 그대로 했을 때 과연 그것이 '학대'가 아닐 수 있을까?

현지화를 둘러싼 동상이몽

미국에 진출한 국내 대형 엔터사들은 주로 캘리포니아주 로스앤젤레스(이하 LA)에 기반을 두고 있다. 미국으로 간 국내 엔터사들이 LA를 중심으로 모인 이유는 무엇일까. LA에서 컨설팅, 회계 업무를 하고 있는 한 회계사는 "LA에 한국 사람들이 많다 보니 한국 회사의 비즈니스 상대가 더 많고, 인프라가 구축돼 있다. 그렇다고 다른 주보다 제도나 법률이 사업을 하기에 더 유리한 건 아니다"라고 설명했다.

2023년 설립한 SM과 카카오엔터테인먼트의 북미 합작 회사도 캘리포니아주 컬버시티에 자리했다. SM의 기존 북미 회사 역시 모두 LA에 있다. JYP 또한 LA에 JYP USA*를 설립했다. 스쿠터 브론Scooter Braun의 이타카홀

딩스를 인수해 하이브아메리카를 설립한 하이브는 LA와 샌타모니카에 회사를 뒀다.

대형 기획사들이 앞다퉈 미국에 현지 기획사를 설립하고, 대규모 투자를 하고 있다. 그러나 과연 투자만큼의 성과를 얻을 수 있을지는 의문이 남는다. 한국의 아이돌 육성 시스템을 미국에 얼마나 적용할 수 있느냐도 관건이다.

실제로 할리우드가 있는 캘리포니아주는 미성년자 노동법이 까다롭다. 아이돌을 노동자로 보지 않는 한국과 달리, 캘리포니아주는 엔터사 소속 아티스트를 노동자로 인정한다. 특히 미성년자의 경우 캘리포니아주 산업관계부California Department of Industrial Relations에 6개월마다 신고해야 하고, 엔터사는 미성년자 고용 시 별도로 허가를 받아야 한다.

캘리포니아주 업계 관계자들은 케이팝 아이돌 육성 시스템의 현지화 시도를 어떻게 평가하고 있을까? LA 현지 분위기를 알아보기 위해 한국 기획사들과 활발히 협업하고 있는 미국인 음악 프로듀서를 만났다.

---

*   2025년 9월 기준 사명은 JYP America다.

BTS 이후 변화한 케이팝의 목표

LA에 사는 음악 프로듀서 데이비드 앰버David Amber 씨는 트와이스의 〈하트 셰이커〉 〈예스 오어 예스〉, 아이즈원의 〈아이즈〉 등 여러 곡을 작곡했다. 케이팝이 현재 그의 주력 분야다. LA에 거주하는 미국인 프로듀서가 어떻게 케이팝을 만들게 됐을까?

데이비드가 처음부터 케이팝을 작곡한 건 아니었다. 음악 프로듀서로서 한 첫 작업은 광고 음악이었다. 뉴욕에서 광고 음악을 만들던 그가 케이팝과 접점이 생긴 건 2011년경. SM이 뉴욕에서 열린 〈SM타운 라이브〉 콘서트에 데이비드를 초대하면서다.

> SM과 함께 작업하고 싶다고 제안했고, 그때부터 본격적으로 케이팝을 작곡하기 시작했습니다. 당시 소녀시대가 가장 인기 있는 그룹이었는데요, 저도 케이팝을 알고 나서 '와, 이거 너무 좋다'는 생각을 했죠.

데이비드가 케이팝에 주목한 요소는 '다양성'이다. 그는 한국 엔터사마다 음악적 정체성이 다르다고 설명한다.

> SM, YG, JYP 등 회사마다 고유의 음악적 정체성이 있었어

요. 서양 팝과는 분명 달랐죠. 회사마다, 아티스트마다 추구하는 음악이 분명했습니다. 케이팝이 다른 음악 장르와 다른 것은 하나의 장르로 규정할 수 없다는 거예요. 케이팝은 컨트리, 힙합, 록 음악처럼 특정한 소리가 있는 게 아니어서 무엇이든 될 수 있습니다.

케이팝을 작곡하는 것도 다른 장르의 음악을 작곡하는 것과 차이가 있을까. 데이비드는 케이팝을 작곡할 때는 '그룹'에 집중한다고 말한다.

그룹을 위해 곡을 만들다 보니 그룹 내 관계성과 시각적 퍼포먼스를 고려하는 편이죠. 그들의 뮤직비디오를 보고, 멤버별 특성을 고려해서 곡을 만듭니다. 다른 서양 아티스트와 작업할 때는 만나서 함께 작곡하지만, 케이팝은 조금 달라요. 소속사에서 곡을 만들어달라고 제안하고, 저는 곡을 만들어서 보냅니다. 케이팝 아티스트와 같이 작업한 건 한 번밖에 없습니다. 최근에 씨스타의 효린이 LA에 와서 함께 작업했습니다. 그게 유일한 경험입니다.

그는 케이팝 음악에도 변화가 생겼다고 말한다.

BTS가 세계적 성공을 거두면서 한국 엔터사들이 글로벌 시장에 진출할 가능성을 엿본 거 같아요. 그때부터 케이팝 음악도 더 글로벌하게 변했다고 느꼈습니다. 한국이나 아시아를 위한 음악이 아닌, 더 넓은 시장을 목표로 음악을 만들게 된 거죠.

데이비드가 케이팝을 처음 작업한 2010년대 미국 작곡가들 가운데는 케이팝을 모르는 사람이 많았다. 하지만 코로나19 팬데믹을 기점으로 분위기가 달라졌다.

2020년 전에는 LA 작곡가들이 케이팝에 별로 관심이 없었습니다. 그러나 2020년 이후에는 '케이팝 작업을 하고 싶다'고 저에게 연락을 합니다. 특히 BTS의 성공 이후 큰 변화가 생겼습니다. 지금은 여기에 있는 모든 작곡가가 케이팝 작업을 하고 싶어 해요. 이제 케이팝이 무엇인지 모두가 알고 있죠.

"연습생 시스템을 따라 하려는 움직임은 없습니다"
지금 LA 작곡가들은 케이팝에 열광하고 있다. 그렇다면 아이돌 육성 시스템은 어떻게 생각할까.

데이비드는 한국 엔터사들의 시도가 '흥미롭다'고 말한다.

정말 흥미로운 시도죠. 한국과 미국의 방식이 정말 다르다는 점을 고려하면 더욱 그렇습니다. 한국은 어린 나이에 오디션을 보고 연습생이 되어 수년 동안 훈련을 합니다. 그러나 미국은 이런 시스템이 없습니다. 미국은 아티스트를 개발하지 않습니다. 그들은 이미 성장한 아티스트를 보고 계약하는 방식입니다. 그나마 유사한 사례가 '디즈니'인데, 셀리나 고메즈Selena Gomez, 사브리나 카펜터Sabrina Carpenter처럼 어렸을 때 캐스팅해서 활동을 시키죠. 물론 그것도 한국 아이돌과는 방식이 다릅니다.

미국 내에서 한국의 육성 시스템을 따라 하려는 움직임은 없을까.

마케팅 같은 일부 요소는 서양 아티스트들이 따라 하고 있다고 생각합니다. 그러나 연습생 시스템을 따라 하려는 움직임은 없습니다. 유니버설뮤직그룹, 워너뮤직그룹 같은 주요 레이블 회사들은 아티스트를 개발하는 게 목적이 아니에요. 그들의 역할은 '마케팅'입니다.

그는 미국에서 아이돌 육성 시스템이 성공하려면 많은 변화가 필요하다고 말한다.

아이돌 육성 시스템은 정말 멋지다고 생각합니다. 엄청나게 헌신하고 노력하죠. 이 시스템 덕분에 거대한 엔터사가 만들어졌고, 한국의 음악 산업이 전 세계적으로 성공하게 됐어요. 그러나 제가 하고 싶지는 않습니다.

데이비드는 현재의 아이돌 육성 시스템이 캘리포니아주의 제도와 맞지 않는다고도 지적했다.

캘리포니아주에는 매우 엄격한 아동노동법이 있습니다. 미성년 아이들은 제한된 시간만 일할 수 있고, 매일 교육을 받아야 해요. 그래서 한국처럼 하루 종일 연습하는 것은 불가능합니다. 미국은 아이들이 하루에 12시간씩 훈련하는 것을 허용하지 않습니다. 미국 부모들도 이런 훈련에 동의하지 않을 가능성이 높아요.

문화적 차이도 무시할 수 없다.

미국에서는 개인주의와 자유를 매우 중요하게 생각하기

때문에, 아이들에게 엄격한 연습생 훈련을 따르도록 하려면 큰 어려움이 생길 겁니다. 아이돌이 되고 싶어 하는 미국 아이들이 있겠지만, 생각과 현실은 다릅니다. 저도 한국을 방문했을 때 한국 연습생들이 훈련받는 모습을 봤는데, 굉장히 충격적이었습니다. 몸무게를 재고 기록하는 것도 그랬어요. (아이돌이 되는 게) 얼마나 힘든지 깨닫고 나면 많은 미국 아이는 그만둘 거라고 생각합니다.

한국 기획사들이 만드는 미국 현지화 아이돌 그룹에 대해선 어떻게 평가할까.

어떻게 될지는 더 지켜봐야 하겠죠. 정말 큰 프로젝트인데요. 마케팅, 팬과의 소통을 어떤 방식으로 할지 매우 궁금합니다.

아티스트 중심인 미국, 아티스트가 소속사에 종속된 한국

그렇다면 미국 현지 음반사는 왜 한국 엔터사와 협업할까. JYP는 미국 음반사 리퍼블릭레코드와, 하이브는 게펜레코드와 협업해 현지 걸그룹을 만들었다. LA 에이전시 관계자 N 씨는 "케이팝은 돈이 됩니다. 미국 음반사들도 이를 잘 알고 있어요"라고 말한다. 그는 케이팝 육성 시스템과 팬덤이 가진 장점을 미국 음반사가 인지하고 있다고 한다.

> 미국 음반사는 훈련 시스템은 갖추고 있지 않습니다. 재능이 있는 사람을 우연히 발견하고, 데뷔시키는 방식이죠. 재능이 충분하면 "우리가 도와줄게"라고 말하고 이끌어주는 역할만 해요. 이들에게 연기와 노래를 가르치지 않습니다.

이렇게 발굴된 아티스트는 자신의 음악 스타일을 스스로 만들어나간다.

> 미국 아티스트들은 만들어주는 걸 좋아하지 않아요. 그들은 자신의 노래를 만드는 데 집중합니다. 그래서 생기는 문제들도 있죠. 매니지먼트사가 앨범 출시를 위해 춤을 추고, 그걸 틱톡에 올리라고 하면 아티스트는 "하고 싶지 않다"고 말합니다. 그들은 이런 부분에 자존심이 있고, 이 때문에 많은 아티스트들이 자신의 회사와 갈등이 있는 상태죠.

반면 한구익 케이팝은 다르다. 케이팝은 거대한 '팬덤'이 있고, 앨범을 적극적으로 소비한다.

한국 팬덤은 굉장히 크고, 팬들은 결과물이 별로 좋지 않더라도 소비하는 경향이 있습니다. 서양 아티스트의 팬들은 노래가 좋지 않으면 억지로 조회수를 올리거나 빌보드 1위로 만들려고 하지는 않아요. 반면 케이팝 팬 다수는 앨범이 나오기도 전에 예약 주문을 합니다.

N 씨는 이 지점이 서양 아티스트와 다르게 케이팝이 돈을 벌 수 있는 이유라고 말한다.

이런 구조로 인해 케이팝 팬덤에서 엄청난 수익이 나와요. 그렇다 보니 서양 아티스트도 점점 이런 마케팅을 따라 하고 있죠. 포토카드를 사고 굿즈를 사는 일들은 Z세대의 문화가 되고 있어요. 응원봉, 팔찌를 만드는 서양 아티스트도 생겼습니다.

아티스트를 육성하는 한국 엔터사와 마케팅만 하는 미국 매니지먼트사는 수익 분배 방식도 다를 수밖에 없다. N 씨는 한국 엔터사 덕에 미국 음반사가 아티스트에게 돈을 더 적게 주는 방법을 찾았다고도 말한다.

미국 아티스트는 더 많은 돈을 받을 수밖에 없습니다. 미국은 앨범을 구매하지 않더라도 곡을 구입하는 경우가 많고, 투어나 브랜드 광고를 통해 돈을 벌어요. 이렇게 올린 수익은 매니지먼트사에 가는 구조가 아닙니다. 매니지먼트사나 에이전트들은 아티스트 수익의 10~15퍼센트 정도 되는 수수료만 가져갑니다. 아티스트가 중심이고, 돈을 직접 받죠. 에이전트는 아티스트에게 일을 찾아줄 때만 돈을 받을 수 있어요.

아티스트가 소속사에 종속된 한국은 수익 구조가 정반대다.

반면 한국에서는 아티스트들이 매니지먼트사의 직원처럼 일하고, 회사가 돈을 받은 후 그 돈을 멤버들에게 일부 나누어줍니다. 그래서 혼자 일할 때보다 돈을 훨씬 덜 받게 되는 구조죠.

미국인이 과연 '한국식 훈련' 견딜 수 있을까

N 씨는 대형 기획사가 만드는 글로벌 걸그룹의 과제는 '게이팝을 떼는 일'이라고 말한다.

미국 사람들은 아시아인이면 전부 같은 범주에 넣는 경향이 있어요. 미국인들은 모든 걸 케이팝 범주 안에 넣고, 발전을 막으려고 합니다. 아무리 잘해도 케이팝 안에 있으면, 기존 미국 스타들을 이길 수 없어요. 그들이 받을 상도 '케이팝'이 달린 상으로 마무리하죠. 케이팝 범주 안에 있으면 더 성장하기 어려워요. 오히려 장벽이 되는 거죠. 현지화 아이돌 그룹이 단순히 서양 버전의 케이팝이 되지 않아야 하는 이유입니다. 물론 우려도 있어요. 동양에 비해 서양인들은 그룹으로 활동하지 않고 본인의 정체성을 찾고 싶어 하는 경향이 더 강하다고 생각합니다. 그런 부분에서 그룹의 미래가 걱정되기는 해요.

케이팝 아이돌에 대해서는 어떻게 생각할까. 그는 어린아이들이 활동하는 것에는 부정적이다.

너무 어린 나이에 시작하는 아이돌을 보는 건 분명히 불편합니다. 열네 살 정도에 데뷔하는 미성년자가 많고, 그들의 팬들은 주로 나이 많은 남성들이에요. 정말 이상합니다. 경험을 가지고 감정을 녹여 곡을 쓰는 법을 배워야 할 시기에 브랜드 홍보 활동을 하고 있어요.

다만 아이돌 육성 시스템에 대한 미국의 비판이 과도하다고 지적한다.

서양에서 아이돌 육성 시스템을 두고 '노예제도'라고 비판하지만, 사실 서양에서도 운동선수들에게 똑같은 일을 시키고 있죠. 이 두 개가 근본적으로 어떤 점이 다른지는 모르겠어요. 단지 음악가들에게 이런 시스템을 적용하지 않았을 뿐이죠. 오히려 미국인들은 태어나서부터 노래를 잘하지 않으면 스타가 될 방법이 없습니다. 이런 측면에서 '전문적으로 배워서 만들어지는 게 무엇이 나쁜가?' 하는 질문을 할 수 있어요. 배울 기회가 있다는 점에서 한국의 시스템은 좋다고 생각합니다. 다만 아이돌이 스스로 곡을 쓰고, 역사를 배우고, 본인의 스타일을 찾을 수 있는 교육이 필요하다고 생각해요.

반면 케이팝 아이돌을 좋아하고 한국 문화에 관심이 많은 미국 다큐멘터리 작가 헤더 콕스Heather Cox 씨는 아이돌 육성 시스템이 미국에서 작동하기는 어려울 거라고 말한다.

한국계 미국인이라면 모르겠지만, 미국인들은 신체적 요

구를 감당할 준비가 되어 있지 않습니다. 미국인들은 권위에 맞서는 것에 익숙하고 그런 훈련을 견딜 만한 인내심이 없다고 생각해요. 돈이 보장된다고 하더라도 말이죠.

헤더 작가는 한국이 신체와 정신건강에 대한 문제를 지나치게 간과하고 있다고 말한다.

2023년에 〈케이콘 LA〉 콘서트를 보러 갔는데, 아이돌이 생각보다 훨씬 말랐고 작더군요. 연령도 너무 어려 영양 상태가 걱정됐어요. 케이팝 아이돌은 하루에 16시간씩 훈련하고 심한 다이어트를 하고 있죠.

어린 나이에 데뷔하는 문화도 비판적이다.

열여덟 살 미만인 아이들이 노출이 있는 옷을 입고 대중은 그들을 성적 대상으로 봅니다. 케이팝은 어린 나이에도 성적인 가사를 부르죠. (여기에) 많은 미국인들은 불편함을 느낄 거예요. 한국 시스템은 다소 강압적이고, 미국인들은 그런 부분에 있어 목소리를 내는 경우가 더 많기 때문에 여기서 아이돌 육성 시스템이 작동하기는 어려울 거라고 봅니다.

학자가 보는 케이팝 현지화의 미래

이혜진 교수는 서던캘리포니아대학교에서 처음으로 '케이팝'을 정규 과목으로 개설한 한국인 학자다. 이 교수는 미국 음악 산업의 신인 개발 방식이 변했다고 말한다.

현재 미국 시장은 새로운 아티스트를 발굴하고 노래를 만들기보다는 이미 SNS를 통해 유명해진 사람과 계약하는 추세입니다. 물론 과거에도 저스틴 비버Justin Bieber, 숀 멘데스Shawn Mendes, 트로이 시반Troye Sivan처럼 유튜브를 기반으로 성장한 사례들이 있었지만, 최근에는 음악적 재능만으로는 주목받기 어려운 환경이 되었습니다. 빌보드 차트에서 좋은 성적을 보여주고 있는 틱톡커 출신 앨릭스 워런Alex Warren이나, 틱톡에서 댄스 콘텐츠로 먼저 큰 인기를 얻은 뒤 앨범을 발표해 좋은 반응을 끌어낸 애디슨 레이Addison Rae 등이 이러한 흐름의 예시입니다.
그런데 한국은 이 모든 걸 다 해주는 거예요. 미국 음반사 입장에서는 돈을 적게 썼는데도 아티스트가 발굴돼 있고, 팬덤까지 장착돼 있는 셈이죠. 이 때문에 미국 음반사들은 케이팝이 돈이 될 거라는 인식이 있어요.

미국 음반사가 아이돌 육성 시스템을 독자적으로 운영

할 가능성은 없을까.

하나의 시스템으로 완전히 정착을 하고, 노하우가 생기면 독자적으로 할 수도 있죠. 그러나 현재 상황에서 굳이 투자를 해서 연구를 하고, 사람을 고용할 필요가 없어요. 이미 모든 것이 갖춰져 있는 한국 엔터사와 파트너십을 해서 쉽게 가는 거예요. 리스크가 적은 방향이죠.

이 교수는 LA에 한국 엔터사들이 모이는 원인 중 하나로 인종을 꼽는다.

LA 특성상 한국계 미국인, 아시아계 미국인, 히스패닉 등이 많고, 이들은 케이팝에 많은 관심을 가지고 있습니다. 이들은 스스로를 케이팝 스타에 투영하는 경향도 있고요. 인종적 부분도 분명 무시할 수 없어요.
한국계, 아시아계가 아닌 백인들, 유럽인들은 케이팝 아이돌이 될 수 있으리란 생각을 하지 못할 겁니다. 특히 유럽, 미국은 아티스트의 자율성과 창의성을 중시해요. 육성되고 가공된 사람을 아티스트라고 볼 수 있느냐 하는 의구심도 있을 거예요. 그래서 이 시스템을 전부 적용하지는 못할 겁니다.

아이돌 육성 시스템을 미국에 정착시키기 위해 당면한 과제는 무엇일까. 이 교수는 법적 문제와 비즈니스 모델의 한계를 짚는다.

미국에서 연습생 제도를 그대로 도입하기는 한계가 있을 겁니다. 아마 지금은 연습생이라는 명칭 없이 아티스트로 계약하지 않았을까 예상해요. 미국은 특히 미성년자와 관련된 부분이 엄격합니다. 대체로 어린 나이에 연습생 생활을 시작하기 때문에 아동노동법 등으로 여러 가지 제약이 따를 수밖에 없죠. 물론, 한국의 연습생 제도가 미국에서 정착하기 어려운 이유는 문화적 요인이 가장 크다고 봅니다.

미국에서 케이팝은 분명 인기 있지만 '대중적'인지는 의문이다.

한국에 대한 전반적인 인지도가 높아진 건 사실이에요. 케이팝이라는 용어가 생소하지 않고, 그것이 무엇인지 이제 설명할 필요가 없습니다. 다만 미국에서도 '주류'라는 개념이 사라지고 있어요. 옛날에 멜론 1위를 하면 전 국민이 노래를 알았지만, 지금은 아니죠. 미국도 미찬가지에요. 미국 Z세대 사이에서 케이팝은 분명 인기이지만, BTS 노래보다 싸이의 〈강남스타일〉을 아는 (미국) 대중이 더 많습니다. 지금은 미디어 환경이 파편화돼 모두가 동일한 콘텐츠를 소비하는 현상이 점점 더 옅어지고 있습니다. 케이팝 역시 학생들 스스로 "케이팝을 졸업할 나이가 됐다"고 말할 정도로 소비 방식이 한정돼 있어요. 특정 노래가 대중적으로 오랫동안 사랑받는 게 더 어려워지고 있다는 거죠.

케이팝의 팬덤이 더 이상 한국에 기반하지 않았을 때 생기는 새로운 문제들도 있다. 한국은 아이돌에게 '도덕적 기준'이 엄격하지만, 미국은 '정치적 올바름에 대한 요구'가 있다.

미국의 케이팝 팬들은 스스로를 특히 더 진보적이라고 생각해요. 위 세대와 다르게 본인들은 아시아 문화인 케이팝을 좋아하는 미국인이기 때문이에요. 케이팝을 좋아한다고 공개적으로 이야기하는 것이 '커밍아웃'하는 것과 비슷하다고 보는 미국의 인종차별적 시선도 내재했죠. 그렇다 보니 팬들은 더 진보적이고, 케이팝 아이돌에게도 진보적인 목소리를 요구합니다.

최근 캣츠아이의 인기가 뜨겁다. 2025년 발표곡 〈날리Gnarly〉와 〈가브리엘라Gabriela〉도 연달아 빌보드 핫100 차트에 들었다. 그는 캣츠아이를 통해 케이팝의 현지화 가능성을 엿볼 수 있다고 분석한다.

캣츠아이가 발표한 두 곡이 빌보드 핫100에 진입하면서 뚜렷하게 인기가 상승하고 있습니다. 하이브 같은 경우 캣츠아이를 케이팝 그룹이라고 이야기하지 않습니다. 글로벌 걸그룹이라고 칭해요. 미국 게펜레코드와의 파트너십을 기반으로도 하고 있죠. 핵심은 케이팝 시스템을 이용해 글로벌한 걸그룹을 만든다는 거죠. '케이K'를 떼는 게 목표예요. 아직은 이들이 케이팝을 넘어선 확장성을 가졌는지, 아니면 기존 케이팝 팬덤의 지지에만 기반하고 있는지 단정하기는 어렵습니다. 전형적인 케이팝 시스템으로 육성된 그룹이고, 여전히 한국 음악방송과 프로모션 활동을 활발히 하고 있죠. 다만 어느 쪽이든 캣츠아이의 활동은 케이팝 육성 모델이 현지화될 수 있고, 이를 통해 글로벌 시장에서 성과를 낼 수 있다는 하나의 가능성을 보여줍니다. 물론 하이브의 거대한 자본력, 공격적 마케팅도 무시할 수 없는 부분입니다.

스웨덴 작곡가들이 케이팝을 선호하는 이유

 팝 음악 강국 스웨덴이 케이팝 산업 성장에 일정한 역할을 했다는 사실을 아는 사람은 그리 많지 않다. 이름만 대면 알 만한 케이팝 히트곡 중 일부가 스웨덴 작곡가 작품이다. 피프티피프티의 노래 〈큐피드〉와 뉴진스 데뷔곡 〈어텐션〉도 스웨덴 작곡가가 작곡했다.

 이준상 칠리뮤직코리아 대표는 "단순하게 아이돌 시스템 말고, 대안적 시스템들로 작곡을 가르치는 등 본인의 음악성을 개진할 수 있게 아이돌을 육성할 필요가 있다. 스웨덴의 음악 교육 시스템을 봐야 한다. 스웨덴은 아이돌을 키우는 나라가 아니다. 그런데 BTS의 〈다이너마이트〉가 빌보드 1위를 한 이후부터 급속도로 국내 음악 저작권자의 목록이 스웨덴 사람들로 채워지고 있다. 스웨덴은 1970년대 '아바ABBA' 이후에 학교에서 영어를 공용어로 사용하게 하고, 국가적으로 공교육 내에서 다양한 분야를 학습할 수 있게끔 했다"고 말한다.

스웨덴 작곡가들은 어떻게 케이팝과 인연을 맺게 되었을까? 그들은 왜 케이팝 작곡에 열을 올리는 걸까?

진로 설정이 자유로운 공교육 체계

스웨덴 작곡가 로우이세 프리크 스빈Louise Frick Sveen 씨는 다수의 케이팝을 작곡했다. BTS 정국의 〈스테이 어라이브〉, 프로미스나인 〈디엠〉, 레드벨벳 아이린&슬기의 〈놀이(Naughty)〉 등이 대표적이다.

로우이세가 처음 작곡을 시작한 건 고등학생 때다. 처음에는 혼자서 작곡을 공부했다. 이후 그가 선택한 길은 '직업학교'다. 그는 스웨덴의 유명 음악학교인 무시크마카르나에 입학했다. 로우이세는 스웨덴의 독특한 학교 시스템 덕에 작곡을 배울 수 있었다고 말한다.

이 음악학교는 실습 중심의 교육을 통해 학생들을 가르칩니다. 프로그램은 힉교에서 6개월간 수업을 받고 이후 1년 반 동안 인턴십을 수행하는 방식입니다. 이 경험 덕분에 음악 산업에서 일하는 사람들과 직접 접촉할 수 있었습니다.

진로 설정이 비교적 자유로운 스웨덴의 교육 과정도 도움이 됐다.

스웨덴은 9학년(초중등 교육)까지 기본 교육을 받고 10~12학년(고등 교육)에는 경제, 사회과학, 음악, 춤 같은 전공을 선택할 수 있어요. 고등학생 때 어떤 전공을 선택하더라도, 대학에서는 다른 분야로 전향할 수 있습니다. 진로를 일찍 설정할 수는 있지만, 나중에 마음이 바뀌어 고등학생 때 선택한 것과 다른 전공을 택하더라도 전혀 문제가 되지 않습니다.

스웨덴 출신의 유명 아티스트들은 스웨덴 음악 시장 전반을 넓혔다. 로우이세는 맥스 마틴Max Martin과 셸백Shellback, 아바 같은 스타들 덕분에 많은 기회를 얻을 수 있었다고 말한다.

이들 덕분에 스웨덴 작곡가들은 평판이 높아졌고, 스웨덴인이 쓴 곡들에 대한 관심도 높습니다.

작곡가 '엘리트' 코스를 밟은 로우이세가 케이팝을 작

곡하는 이유는 무엇일까. 그는 케이팝 안에 있는 다양한 장르를 장점으로 꼽았다. 케이팝은 기존의 음악 장르로 정의 내리기 어렵다는 설명이다. 그래서 로우이세는 주로 팝, 아르앤드비 또는 시티팝 스타일을 선호하지만, 케이팝을 작곡할 때는 실험적 장르도 시도해볼 수 있다. 곡을 만들 때 그룹 멤버에 따라 어울리는 멜로디를 만든다는 점도 독특한 포인트다. 그는 최근 케이팝 작곡을 선호하는 스웨덴 작곡가들이 많아졌다고도 말한다.

처음 케이팝을 작곡했을 때는 한국, 일본, 중국을 중심으로 인기가 있었지만, 요즘은 다릅니다. 특히 음악뿐 아니라 춤, 패션 등 한국 문화 전반이 전 세계적으로 트렌드가 되고 있습니다. 많은 작곡가가 케이팝 시장을 목표로 하고 있습니다.

로우이세는 스웨덴 음악 산업이 한국과 크게 다르지 않다고 설명한다.

음악을 만드는 방식에는 큰 차이가 없어요. 양국 음악 산업의 가장 큰 차이점은 '연습생 시스템'이라고 생각합니다. 이는 스웨덴에는 없는 시스템이며, 이 외에는 두 산업이 꽤 비슷하다고 봐요.

다채로운 장르, 높은 앨범 판매량

 로우이세가 속한 스웨덴 주요 음반 발매사 코스모스뮤직도 최근 케이팝 작곡을 주력으로 하고 있다. 코스모스뮤직은 가수뿐 아니라 작곡가·프로듀서도 육성한다. 뉴진스의 〈어텐션〉을 만들 때도 코스모스뮤직 작곡가가 참여했다. 스웨덴 스톡홀름에 위치한 본사에는 소속 작곡가들을 위한 스튜디오가 조성돼 있다. 현재 코스모스뮤직에는 16명의 작곡가·프로듀서가 소속돼 있다.

 코스모스뮤직의 페오 뉠렌Peo Nylén 크리에이티브디렉터는 한국 기획사와 협업을 많이 하고 있다고 한다. 그에 따르면 코스모스뮤직의 작곡가들은 소녀시대의 〈홀리데이〉를 시작으로 케이팝 작곡에 본격적으로 참여했다. 현재까지 무려 320개의 케이팝 곡을 작곡했다. 페오는 스웨덴에서는 직업학교를 통해 음악 시장에 진입하는 경우가 많다고 설명했다.

> 스웨덴 작곡가들이 다른 시장에서 인기 있는 건 '맥스 마틴 현상' 덕분으로 설명할 수 있어요. 그 외에도 여러 가지 이유가 있습니다. 먼저, 스웨덴에는 직업학교가 있어서 작곡가들을 어렸을 때부터 육성할 수 있습니다.

음악 시장이 커진 건 스웨덴 '언어'와 '기후'의 영향도 있다.

스웨덴은 날씨가 굉장히 춥습니다. 방에서 작곡을 하기에 더 좋은 환경이라고 생각합니다. 또 스웨덴어에는 멜로디가 있는데, 동양에서 이 멜로디에 관심을 갖더라고요.

최근 스웨덴 작곡가들이 케이팝을 선호하게 된 건 단순히 한류 때문만은 아니다. 페오는 자유로운 장르로 작곡이 가능하고, 앨범 판매로 인해 수익이 높다는 점을 케이팝의 강점으로 꼽았다. 장르가 굳어진 다른 나라의 음악 시장과 달리 여러 장르를 녹일 수 있다고 한다.

최근 코스모스뮤직 소속 작곡가가 참여한 르세라핌의 〈스마트〉라는 곡도 아마피아노* 분위기의 노래입니다. 케이팝에서는 여러 음악을 융합하고 더 글로벌해질 수 있다는 발전적인 부분이 있습니다.

수익도 중요하다. 케이팝 아이돌은 앨범 판매율이 높다.

---

* amapiano. 남아프리카공화국에서 기원한 하우스, 콰이토의 하위 장르인 여유롭고 그루비한 댄스 음악 장르.

앨범이 많이 팔리면 작곡가도 그만큼 수익이 늘어난다.

스트리밍을 통해 얻는 수익은 많지 않습니다. 또 대부분의 음원 사이트에서 스트리밍 수를 명확하게 알려주지 않고요. 반면 케이팝 아이돌은 앨범 판매 숫자가 명확하고, 많이 팔리죠. 그만큼 많은 수익을 작곡가들에게 가져다줍니다.

다만 다른 나라의 아티스트와 작업할 때와 달리 케이팝을 작곡할 때는 아이돌과 직접 만나는 일은 없다. 주로 한국 엔터사에서 원하는 스타일의 곡을 만들어달라고 먼저 요구하거나 스웨덴 작곡가들이 만든 곡을 기획사에 제안하는 형태로 협업이 이루어진다. 많은 케이팝 곡을 만들었지만, 이 과정에서 아이돌 멤버를 직접 만나지는 않았다. 페오는 한국 아티스트와는 만나서 작업한 일이 거의 없다고 말했다.

09뮤직의 대표이자 작곡가인 니노스 한나Ninos Hanna 씨는 지난 2018년부터 본격적으로 케이팝 작곡에 참여하기 시작했다. SM 송캠프*에 초대된 것을 계기로 활발하게 활동하고 있다. 샤이니 키의 〈가솔린〉, 엔시티드림의

〈언노운〉 등에 참여했다.

니노스는 여느 작곡가들과 달리 직업학교 출신이 아니다. 열여섯 살까지 축구를 하다 부상을 입은 후 진로를 바꿨다. 음악을 전문적으로 공부하지도 않았다. 본격적으로 작곡을 시작한 건 스물한 살 때다. 니노스는 공부를 통해 배운 작곡에는 한계가 있다고 말한다.

(음악을 전공한 작곡가들은) 배운 것에서 벗어나기 힘들어할 때가 있습니다. 음악은 저 스스로 나오는 것이기 때문에 작곡하는 데 어려움은 없었습니다.

페오와 마찬가지로 니노스 역시 곡을 자유롭게 쓸 수 있다는 점을 케이팝의 장점으로 꼽았다.

이팝은 경계 없이 자유롭게 곡을 만들 수 있어서 작곡가들에게 더 매력적입니다. 미국 같은 경우 성공한 음악이 이미

---

*   song camp. 작곡가·프로듀서를 일정 기간 한곳에 모아두고, 집중적으로 곡을 공동 제작하는 작곡 워크숍. 보통 일주일 내외로 여러 팀이 동시에 작업해 다수의 신곡을 빠르게 확보한다. 국내에서는 SM에서 가장 먼저 시도한 것으로 알려졌다.

존재하기 때문에 형식이 정해져 있습니다. 작곡가 입장에서는 지루할 수 있죠. 케이팝은 여러 장르를 작곡가들이 자유롭게 창작할 수 있어요. 재미있는 요소들이 더 많죠. 또 미국이나 다른 외국에서는 앨범이 잘 팔리지 않지만, 케이팝은 앨범이 많이 팔리기 때문에 수익도 더 높습니다.

니노스는 케이팝 시장이 더 확장될 거라고 예측한다.

케이팝은 음악에 쏟는 시간과 정성이 남다르죠. 뮤직비디오도 굉장하고, 앨범까지 정성 들여 제작합니다. 케이팝은 점점 커지고 있습니다. 미국 시장에서도 더 커질 거라고 생각합니다.

스웨덴의 작곡가들은 대부분 소속사가 있다. 니노스는 활동 초창기에 다른 스웨덴 음반사에 속해 있었지만, 이후 회사를 나와 09뮤직을 창업했다. 소속 작곡가와 프로듀서도 늘고 있다. 혹 한국 작곡가들처럼 '아이돌'을 제작할 생각은 없을까. 니노스는 단호하게 고개를 저었다.

아이돌 제작을 생각한 적은 한 번도 없습니다. 아이돌 산업은 제 관심사 밖이에요. 저의 역할은 음악을 만드는 일입니다. 또 아티스트가 성공하기 얼마나 힘든지도 잘 알고 있어요. 저의 목표는 제 레이블이 음악적으로 성공하는 것입니다. 정직하게 일해서 성공할 수 있다는 걸 보여주고 싶습니다.

그렇다면 스웨덴, 북유럽에도 '아이돌'을 꿈꾸는 아이들이 있을까. 한류의 불모지로 꼽히던 북유럽에 최근 케이팝의 열풍이 거세다. 2023년 북유럽 지역 최초로 스웨덴에 한국문화원이 설립되어 그 열기를 체감케 했다. 2024년에는 덴마크 코펜하겐 한복판에서 〈케이팝 랜덤 플레이 댄스·코스튬 콘테스트〉가 열렸다. 북유럽에서 케이팝의 영향력은 얼마나 될까. 2024년 6월 스웨덴 스톡홀름에서 개최된 〈케이팝 노르딕 페스티벌〉을 방문해 현장의 열기를 실감했다.

북유럽에 부는 케이팝 열풍

오전 10시, 스웨덴 오스카극장 앞에 길게 줄이 늘어섰다. 보슬비가 머리를 적셨지만 줄을 선 사람들은 개의치 않은 듯 상기된 목소리로 대화를 나눴다. 〈케이팝 노르딕 페스티벌〉에 참가하는 사람들이다.

2회를 맞은 〈케이팝 노르딕 페스티벌〉은 케이팝 댄스, 노래 등을 선보이는 '경연 대회'로 아직 '신인'이지만 열렬한 인기를 얻고 있다. 북유럽 각지에서 참가한 이들은 총 19개 팀으로 인원수는 150여 명에 달했다. 스웨덴부터 노르웨이, 핀란드, 덴마크까지 국적은 물론 인종, 직업, 연령도 가지각색이었다.

이들은 항공비와 체류비를 자비로 충당하고 행사에 참가할 만큼 열정적이었다. 케이팝 페스티벌 하루를 위해 반년가량 연습에 매진했다고 한다. 선곡 역시 투어스의 〈첫 만남은 계획대로 되지 않아〉부터 투애니원의 〈파이어〉까지 다양했다. 17명으로 구성된 대형 댄스팀도 출전했다. 무대를 보러 온 관객들도 많아 1층부터 3층까지 940여 석이 가득 찼다. 한국에서 비행기로만 10시간 이상이 걸리는 북유럽에서, 팝 음악 전설인 아바와 맥스 마틴을 보유한 데다 '록 문화'가 저변에 자리한 스웨덴에서 왜 케이팝에 열광하는 걸까.

북유럽에서 최초로 케이팝 페스티벌을 개최한 주스웨덴 한국문화원 이경재 원장은 북유럽에서 케이팝의 반응이 심상치 않다고 전했다.

북유럽은 유럽의 다른 국가들보다 케이팝이 조금 늦게 전

파됐습니다. 그런데 지금은 행사를 하면 정말 많은 사람이 참여하죠. 길을 가다가도 케이팝에 대한 질문을 받아요. 작년 행사에서도 케이팝을 즐기는 친구들이 (서로) 만나서 정말 행복해했습니다. 케이팝 페스티벌이 (그런 사람들의) 네트워킹 역할도 하고요.

이날 현장에는 덴마크 다큐멘터리팀도 취재를 왔다. 덴마크에서 참가한 댄스팀을 취재하던 다큐멘터리 감독은 이렇게 말했다.

4년 동안 다큐멘터리를 촬영하고 있습니다. DR(덴마크 방송국)에 방영될 예정입니다. 덴마크에서도 케이팝이 점점 주류가 되고 있어요. 덴마크 언론에서는 케이팝을 소비하는 사람들의 다양성에 집중하고 있죠. 성별과 연령대가 굉장히 다양해요. 덴마크 젊은 층의 20퍼센트 정도는 케이팝에 관심이 있는 것으로 파악됩니다.

손자의 공연을 보러 온 아흔두 살 O 씨는 "손자가 역사 깊은 극장에서 공연하게 돼서 너무 기쁘다. 오늘 케이팝 노래를 처음 들어봤는데, 무내가 정말 좋았다"고 전했다.
이 행사의 홍보대사로 무대를 선보인 한국의 걸그룹 역

시 "생각보다 규모가 굉장히 크고 호응이 좋다"고 밝혔다.

오전에 리허설로 시작한 경연 대회가 끝난 시간은 오후 6시경. 7시부터는 심사위원의 피드백을 듣고, 참가자끼리 친목을 다지는 사교 모임도 열렸다. 지칠 법도 하지만 150명의 참가자들은 연신 활기를 내뿜었다.

공연 수준도 높았다. 참가자들은 대부분 '취미'로 케이팝 페스티벌에 참가했지만, 공연은 진지하고 완성도가 있었다. 한 심사위원은 "지금까지 봤던 케이팝 콘테스트 중에 가장 좋았다. 이렇게 여러 나라 사람들이 함께하는 경우가 흔치 않다. 참여하는 학생들의 공연도 모두 훌륭했다"고 평했다.

"아이돌, 너무 혹사당한다"

150여 명의 북유럽 청년들은 왜 페스티벌에 참가했을까. 이들의 공통점은 하나. 바로 케이팝을 사랑한다는 점이다. 좋아하는 케이팝 아이돌도 하나쯤은 있다. 이날 참여한 팀들이 가장 많이 언급한 아이돌은 '에이티즈'. 이들은 입을 모아 '퍼포먼스'가 케이팝의 가장 큰 매력이라고 칭찬했다.

P팀은 "우리는 모두 케이팝 팬이다. 댄스를 좋아하고,

다른 사람들과 춤을 추고 소통하는 것이 좋다. 케이팝 팬들과 춤을 출 수 있어서 기쁘다"고 전했다. 지난해에 이어 올해도 참가했다는 Q팀은 "작년에도 〈케이팝 노르딕 페스티벌〉에 참여했다. 멤버 모두 케이팝과 춤을 좋아한다"고 말했다.

이날 우승을 차지한 스웨덴의 팀은 "수개월을 연습했다. 처음으로 안무도 직접 만들었다. 2020년부터 구성한 댄스팀이다. 모두 케이팝을 좋아한다. 오늘 행사를 마친 후 다 같이 한국을 방문할 예정이다"라고 소감을 전했다.

같은 고등학교 친구들끼리 또는 같은 지역에 거주하는 직장인들끼리 팀을 구성한 경우도 있었다. 장래 희망도 직업도 다양했다. 간혹 '전문 댄서'가 되고 싶다는 참가자들도 있었다. 다만 이들 중 '케이팝 아이돌'이 되기를 희망하는 사람은 단 한 명도 없었다. '왜' 아이돌을 희망하지 않느냐는 질문에 이들은 모두 고개를 내저으며 "고된 일"이라고 답했다.

R팀은 "전문 댄서가 되고 싶어 하는 친구는 있지만, 아이돌이 되고 싶어 하는 친구는 없다. 아이돌이 되는 건 너무 힘든 일이기 때문이다. 아이돌들은 굉장히 어렸을 때부터 연습해야 한다"고 답했다.

P팀은 "(케이팝 아이돌의) 아이디어와 시스템은 좋지만

너무 혹사시킨다"고 지적했다. 케이팝을 사랑하는 북유럽의 열기가 '아이돌이 되고 싶어 하는' 열망으로 이어질지는 물음표다.

아이돌 원조, 일본 가수들이 바라보는 케이팝

JYP의 일본 '니지Nizi 프로젝트'는 외국에서 한국의 아이돌 육성 시스템이 성공적으로 작동한 예시다. 이 프로젝트를 통해 2020년 12월 데뷔한 걸그룹 니쥬NiziU는 일본에서 큰 인기를 끌고 있다. 니쥬는 데뷔 직후 일본 국내 상을 휩쓸었다. 2022년과 2024년에는 〈아시아 아티스트 어워즈〉에서도 수상했다. 최근에는 아이돌의 원조인 일본 음악업계에서 한국의 육성 시스템을 벤치마킹하고 있다는 분석도 나온다. 일본 현지뿐 아니라 한국에서 데뷔하는 아이돌 멤버 중에도 '일본인' 비중이 증가하는 추세다.

미국과 달리 일본에서는 케이팝 아이돌 육성 시스템이 성공적으로 정착했다. 일본에서는 왜 케이팝 시스템이

효과적으로 작동했을까?

한일 아이돌의 공통점과 차이점

일본의 아이돌, 단연 AKB48을 빼놓을 수 없다. 여러 명의 정규 멤버를 영입해, '총선거'를 거쳐 매년 앨범 활동 멤버를 정한다. 멤버이더라도 순위권 안에 뽑히지 않으면 활동을 못 할 수도 있다. 그렇다 보니 경쟁이 치열한 것으로 정평 나 있다. SKE48, NMB48, HKT48 등 여러 자매 그룹도 있다. 케이팝 그룹 르세라핌의 사쿠라 역시 AKB48 출신이다.

AKB48 2기 출신 이마이 유今井優 씨는 엄청난 경쟁과 일본 아이돌 세계의 면면을 직접 겪었다. 2006년 2월부터 2007년 6월까지 약 1년 반 동안 AKB48 활동을 했다. 졸업* 후에는 음원 발매, 유튜브 운영 등 독자 활동을 하고 있다.

유가 아이돌 세계에 발을 들인 건 우연이었다. 친구와

---

* AKB48 등 일본의 순환형 아이돌 그룹은 팀을 계속 유지하면서 신규 멤버가 합류하고, 일부 기존 멤버가 탈퇴(졸업)하는 구조를 가지고 있다.

함께 도쿄에 놀러 갔다가 오디션 전단지를 보게 된 것. 연예계를 동경했던 유는 그렇게 아이돌의 길을 걷게 됐다.

아이돌은 상상했던 것과 달랐다. 화려한 세계에서 멤버들과 사이좋게 지낼 줄 알았지만, 실제로는 무한 경쟁 속에서 살벌한 분위기였다고 유는 회상했다.

AKB48의 연습 과정은 혹독했다. 아침부터 저녁까지 하루 종일 춤 레슨을 받아야 했고, 하루라도 빠지면 퇴출될 위험에 처했다. 도쿄 아키하바라에 있는 AKB48극장에서 1기생들과 번갈아가며 매일 공연했다.

유는 스무 살로 팀에서 나이가 많은 멤버였다. 대부분은 10대였으며 초등학생 멤버도 있었다. 고등학생만 되어도 '나이가 많은 축'에 속했다. 어린 멤버들 중 일부는 가족과 함께 이사 와서 생활하기도 했지만, 기본적으로는 각자 집에서 통학하며 활동해야 했다.

소속사는 어린 멤버들에게 학교는 꼭 다니게 했다. 성적표를 제출해야 했기 때문에, 학생들은 하교 후 레슨을 받았다. 그러나 학업과 아이돌 생활을 병행하기는 어려웠다.

대학교를 다니던 유는 수업이 끝나면 전철에 올라타 연습을 해야 했다. 친구들을 사귀기도 힘들었다.

일본의 아이돌은 '월급제'로 운영된다. 공연 횟수나 인기와 무관하게 일정 금액의 급여를 받으며, 레슨 비용이나 무대의상비를 공제하는 구조도 아니다. 하지만 월급만으로는 생활을 유지하기 어려웠다. 유는 '용돈 수준'이었다고 회상했다. 소속사는 아르바이트를 금지했지만, 어린 멤버들과 달리 생계를 직접 해결해야 했던 그에게는 큰 부담이었다.

경쟁이 치열한 만큼 정신적 스트레스도 극심했다. 즐거운 마음으로 꿈을 좇자고 생각했지만, 현실은 다른 멤버를 쓰러뜨리고 올라가야 했다. 팬들과의 악수회 같은 사소한 이벤트조차도 팬 수에 따른 경쟁 구도로 변질되었다. 어린 멤버들은 스트레스를 받으면 스태프들에게 상담할 수 있었지만, 유는 '언니'라는 이유로 의지할 곳이 없었다. 활동 중에는 잠을 자기 어려웠고, 미디어에 항상 노출된다는 생각에 매번 긴장 상태였다. 활동 멤버로 선발되지 못하면 극심한 정신적 타격을 받았다. 과호흡이 오는 멤버들도 있었다. 유는 '전염처럼' 멤버들이 과호흡 증상을 일으켰다고 회상했다. 무대 위에서 갑자기 몸을 움직이지 못하는 멤버도 있었고, 총선거 직후 당시의 기억을 모두 잃었다는 동료도 있었다.

결국 유는 데뷔 1년 만에 졸업을 결심했다. '나이에 대한 압박'과 '미래에 대한 불안감'이 가장 큰 이유였다. 친구들이 취업 준비를 시작하면서 미래를 고민하게 됐다. 소속사는 계약 기간을 강제하지 않았다. 졸업을 원하면 가능했지만, 미리 잡힌 스케줄은 소화해야 했다. 유는 2007년 6월 공식 졸업 후에도 일정 기간 활동을 이어갔다.

그는 아이돌의 정신건강을 위한 상담 창구가 반드시 필요하다고 강조한다.

다들 SNS 댓글을 보고 상처받습니다. 대기실에서 자기 이름을 검색하는 게 일상이었어요. 고민을 털어놓을 수 있는 상담 시스템이 필요합니다.

유가 졸업한 AKB48은 이제 일본의 국민 아이돌이 됐다. AKB48 초창기에는 아이돌 활동을 기반으로 가수, 배우, 브랜드 사장이 되기 위해 들어온 사람들이 많았다. 지금은 아이돌 자체가 목표인 어린 지원자들이 늘어났다.

유는 한국의 아이돌 육성 시스템이 일본에 유입되는 것에 거부감이 없다.

AKB48이 되려고 하는 아이들을 보면서 신기하다고 생각합니다. AKB48에서도 한국 데뷔를 목적으로 오디션을 열기도 하죠. 일본과 한국이 합작한 아이돌이 더 주목받는다고 생각해요. 일본에서 케이팝 아이돌 육성 시스템을 따라 하는 현상도 더욱 증가할 것으로 보입니다.

무대 위에서의 즐거움을 무엇과도 바꿀 수 없다고 유는 말한다.

힘든 일은 많지만, 아름다운 의상을 입고 많은 사람에게 응원받는 기쁨은 말로 형용할 수 없죠. 한번 경험하면 다시는 내려오고 싶지 않습니다. 굳이 비교하자면, 힘든 일보다 기쁨이 더 큽니다. 후배들에게 좌절하지 말고, 열심히 하라고 응원해주고 싶습니다.

한국의 연습생 시스템을 보는 시각

일본 솔로 가수 이토 나쓰코伊藤奈津子 씨도 비슷한 생각을 가지고 있다.

나쓰코는 친구의 권유로 〈킹레코드 전국 가창 대회〉를 나갔다 우승한 것을 계기로 데뷔하게 됐다. 테니스 선수였던 그는 2003년, 스물일곱 살에 새로운 도전을 했다. 솔로 가수인 만큼 소속사에서 레슨을 해주거나 앨범 콘셉트를 만들어주지 않았다. 아티스트의 개성을 살리기 위해서 레슨은 지양하는 분위기였다. 작사도 스스로 했다. 소속사는 프로모션 역할에 집중했다.

물론, 돈을 많이 벌지는 못했다. 활동에 소요되는 비용은 모두 소속사에서 해결했다. 소속사에서 진행한 공연 티켓이 팔리지 않아도 책임을 지지 않았지만, 이에 대한 돈을 받지는 못했다. 섭외가 들어온 외부 공연에서는 보수 전액을 받을 수 있었다. 다만 나쓰코는 정산 증명서를 제대로 받은 적은 없다고 말했다.

가수 활동만으로는 생활이 어려웠다. 나쓰코는 다른 일을 하며 가수 활동을 병행했다. 소속사와 계약은 2년씩 맺었다. 그는 큰 불편함 없이 자유롭게 하고 싶은 음악을 하면서 활동했다고 말한다.

물론 처음부터 성공할 기미가 보이면, 아티스트에게 유리한 정산 비율로 계약합니다. 보통은 수익의 15퍼센트 정도를 아티스트가 가져오는 구조죠.

일본 연예계의 어두운 면도 말했다.

방송 활동에 있어서 싱직인 요구들이 암거래처럼 있습니다. 저는 요구를 받아들이지 않았지만, '성공'하고 싶은 이들은 이런 일을 받아들입니다. 그러나 절대 나쁘다고 생각하지는 않습니다. 본인이 야망이 있기 때문에 이 정도는 극복하겠다는 생각이 있는 거죠. 이를 부정적으로 생각하는 순간 스스로 병들어버리기 때문에 부정적으로 보지는 않습니다.

케이팝 아이돌에 대해서는 어떻게 평가할까. 나쓰코가 케이팝 아이돌을 처음 인지한 건 '카라' 덕분이다.

카라가 일본에서 굉장한 인기를 끌면서 케이팝에 대해 알게 됐습니다. 한편으로는 케이팝 아이돌이 인기에 비해 힘들고, 가난한 생활을 하는 모습이 화제가 돼 놀랐던 기억이 있습니다.

나쓰코는 케이팝 아이돌 육성 시스템이 일본에 확산하는 것에 긍정적이다. 한국 아이돌의 실력이 좋기 때문이다.

한국 아이돌은 춤도, 노래도 잘하고 외모도 훌륭합니다. 기본적으로 레벨이 높죠. 이를 일본이 따라 하는 것이 좋다고 생각합니다. 한일 합작 아이돌 역시 인기가 매우 많아요.

일본에서 한국 아이돌에 대한 호감도도 높습니다.

물론 보수 구조는 일본이 낫다고 말한다.

영국의 한 그룹이 일본에서는 100배 수익을 얻을 수 있다고 이야기한 것을 들은 적 있습니다. 또 일본 기획사는 프로모션을 잘하기로 유명합니다. 최근에는 대만 가수들도 일본에서 데뷔하는 추세예요.

그러나 나쓰코는 케이팝 아이돌의 수익 구조가 '당연한 것'이라고 생각한다.

톱스타를 목표로 하는 아이돌이 그 야망을 이루기 위해 극복해야 할 관문이라고 봅니다. 야망이 크면 클수록 어렵고, 많은 것을 이겨내야 하는 게 당연합니다. 그래서 케이팝 아이돌과 같은 제도에 부정적 시각은 없습니다. 오히려 데뷔 전 무료로 트레이닝시켜준다는 점이 기회를 주는 '혜택'이라고 봅니다. 제가 그런 상황이라면 저는 그런 제도에 뛰어들고 싶어요. 일본에서는 한국의 아이돌 육성 시스템에 대한 기부감이 없다고 봅니다.

K-POP,
IDOLS IN WONDERLAND

4. 대안

지속 가능한 산업을 위하여

엔터테인먼트, '산업'이 돼라

케이팝 산업이 성장하면서 엔터업계에서는 "규제를 완화해달라"는 목소리가 나온다. 케이팝이 전 세계로 뻗어나가려면 규제가 사라지고, 지원이 확대돼야 한다는 주장이다. '물 들어올 때 노 저어야 한다'는 논리다. 한편에서는 국제적 기준에 맞춰 아이돌에 대한 권리를 보장하는 방향으로 제도가 개선돼야 한다고 주장한다. 이는 주로 업계보다는 학계나 정치권에서 나온다.

완전히 반대되는 주장으로 보이지만, 사실 이 둘은 크게 다르지 않다. 결국 산업을 지속 가능하게 하려는 논의이기 때문이다. 2024년 개최된 한 학술세미나에서는 그간 논의되지 않았던 새로운 주장이 나왔다. 구조적이지 않은 체계로 인해 기획사와 아이돌이 모두 피해를 보고 있다는 이야기다.

한 엔터사 대표는 현장에서 이렇게 발언했다.

연습생에 대한 투자는 산업 입장에서 보면 'R&D(연구개발)'와 같다. 한국 정부에서는 매년 국내 산업 내 R&D 예산을 수조 원 책정한다. 그런데 엔터테인먼트에는 '0원'이다. 엔터테인먼트 사업도 예전과 다르다. 원시적이거나 열악하게 하지 않고, 다른 대기업처럼 산업의 형태를 띠고 사업을 한다. 그러나 매출이 나오고 돈을 버는 건 극소수 회사다. 하이브와 같은 대형 소속사가 나온 지도 얼마 안 됐다. 대부분은 작은 회사들이다.

물론 많은 과오들도 있다. 가수에게 정산을 제대로 해주지 않거나 불합리한 계약을 한 경우도 있었다. 그러나 정상적인 기획사들은 단순히 연습생들에게 돈을 내라고 하고, 나중에 뽑아먹으려고 하려 않는다. 100퍼센트 R&D 관점에서 재원을 개발해 나중에는 BTS 같은 그룹을 만들기 위해 투자하고 있는 거다. 여러 회사가 매출을 늘리기 위해 미국에 가고, 유럽에 가서 투자 유치를 한다. 카카오나 CJ에서도 투자, 프로그램 제작 등을 통해 매년 그룹을 만들고 있다. 연습생에게 투자하는 비용은 R&D 영역으로 보아야 한다. 시장 내에서도 인정을 해줬으면 좋겠다는 생각을 항상

했다.

이 산업이 한국에서 태동한 이후로 단 한 번도 R&D로서 세제 혜택을 받거나 지원을 받은 적이 없다. 고도화된 만큼 제도가 정비되어야 한다.

엔터테인먼트가 '산업'으로 인정받아야 하는 이유는 또 있다. 원칙 없이 즉흥적으로 운영되는 업계 분위기는 기획사에도 불리한 상황을 만든다. 정산을 제대로 받지 못한 기획사가 소속 아티스트에게 정산을 해줄 수도 없다. 세미나에서는 이런 증언도 나왔다.

기획사도 정산을 받는다. 음원 플랫폼, 영상 플랫폼에서 음원에 대한 정산을 받는다. 그런데 이 정산 데이터가 정말 모호하다. 특히 규모가 큰 플랫폼일수록 정산 방법을 공개하지 않는 경향이 있다. 플랫폼 수수료는 점점 높아지지만, 구독료는 동결된다. 그러면 결국 기획사가 가져오는 수익이 줄어들 수밖에 없다.

이렇게 '비산업적 구조'는 연습생과 아이돌 인권에도 직결된다. 현장에 토론자로 참여한 한 아티스트는 주먹구구식 아이돌 연습생 시스템에 대해 이렇게 평가했다.

'연습생 제도'라고 이야기하지만, 어디에 제도가 있나. 지금의 연습생은 전체주의국가, 북한에서 하는 체제 교육과 다를 바 없다. 여기서 북한의 아이돌이라고 할 수 있는 모란봉악단과 연습생이 아주 유사하다. 춤 잘 추고, 노래 잘하고, 악기도 잘 다루는 아이들을 어렸을 때부터 가르쳐 결과물을 내는 거다. 시스템은 동일하다. 북한에서 하는 일과 자본주의국가인 우리나라에서 하는 일이 똑같다. 모란봉악단의 선발 구조는 이렇다.

엄격한 선발·오디션 과정을 거쳐 재능 있는 어린 학생들을 조기에 발굴한다. 그리고 이 학생들은 예술과 공연에 중점을 두는 것으로 알려진 학교나 훈련 프로그램에서 선발한다. 선발된 아이들은 공산당에서 임명한 강사가 엄격하게 관리한다. 노래와 춤, 공연 등에 대해 광범위한 훈련을 받는다.

우리나라 아이돌이 아니라 북한에서 하는 내용이다. 시스템이 똑같다. 사실 놀랍지 않다. 연습생 교육을 시켜주고, 데뷔하면 이 비용을 전부 빚으로 잡는다. 이걸 투자라고 포장하는데, 이게 어떻게 비즈니스일 수가 있나.

기획사들은 마치 '독립국'과 같다. 아무런 규제 없이 아티스트 발굴과 제작, 홍보까지 도맡으면서 아티스트는 이 인프라 속의 '소작농'이 된다.

현장에서는 아이돌 출신의 증언도 나왔다.

작은 회사일수록 아이들을 계약으로 묶어놓으려고 한다. 미성년자 아이들을 작은 연습실 안에 아침 10시부터 밤 10시까지 하루 종일 둔다. 트레이닝을 제대로 시켜주지도 않는다. 그런 경우 '반수'하듯 다른 회사 오디션을 몰래 보러 다니는 경우가 있다. 그럼 다른 회사에서는 현재 회사에 '위약금'을 주고 옮기게 한다. 트레이닝 능력이 없지만, 위약금 장사를 노리고 아이들과 계약하는 곳도 많다.

산업이 아닌 엔터테인먼트에서는 회사를 설립하기도 쉽다. 고용도, 연습생 계약도 마찬가지다.

엔터테인먼트처럼 진입 장벽이 낮은 산업도 없다. 아르바이트로 일한 경험만 있어도 예술인을 지도할 수 있다. 온라인 교육 이수로 돈 10만 원만 지불하면 누구나 기획사를 설립할 수 있다. 에이전시와 매니지먼트의 전문성을 무시한 채 우후죽순 생겨난 회사들이 어린 연습생들에게 비인격적 대우를 하거나 무책임하게 방치하는 결과로 이어지고 있다. 이제는 이 구조를 고민하고 손볼 시점이다.

결국 엔터테인먼트의 '산업화'는 기획사의 이익과 아이돌의 인권 모두에 필요한 일이다. 제도적으로 정비된 산업 내에서 지원도, 규제도, 보호도 받을 수 있기 때문이다.

스웨덴을 음악 강국으로 만든 토양

2024년 6월, 스웨덴 남부 쇨베스보리에서 열린 〈스웨덴 록페스티벌〉에는 총 96개 밴드가 참가했다. 수도인 스톡홀름에서 6시간 이상 이동해야 하는 작은 시골 마을이었지만, 스웨덴 전역에서 사람들이 몰려들었다. 이 록페스티벌은 스웨덴에서 가장 큰 규모의 축제다.

나흘간 이어진 공연에는 아이부터 노인까지 세대를 가리지 않고 참여했다. 캠핑 의자에 앉아 맥주를 즐기는 중년 부부, 유모차를 끌고 온 젊은 부모, 무대 앞에서 머리를 흔드는 10대 팬까지. 록은 이곳에서 특정 세대의 전유물이 아닌, 모두의 대중문화다.

공연장 잔디밭에 누워 소풍을 즐기는 가족들과 무대 앞에서 열정적으로 헤드뱅잉하는 관객 등 다양하게 록페

〈스웨덴 록페스티벌〉 전경. 스웨덴 사람들은
가족과 연인 또는 친구들과 록페스티벌을 즐겼다.

스티벌을 즐긴다. 열세 살 미만의 아이들에게는 귀마개도 제공한다. 록페스티벌 관계자는 "〈스웨덴 록페스티벌〉은 1992년에 시작해 지금까지 31회 개최됐다. 스웨덴 록은 록과 메탈을 아우른다. 우리의 목표는 페스티벌에 참석하는 모든 팬과 스태프에게 기억에 남는 재미를 선사하고, 안전한 경험을 제공하는 것"이라고 밝혔다.

페스티벌 기간에는 결혼식도 열린다. 무대 언덕에서 록 음악과 함께 결혼식을 올리는 커플들은 "이보다 더 행복할 수 없다"고 말한다.

스웨덴은 음악 수출 세계 3위 국가다. 인구 대비로 따지면 미국, 영국을 제치고 세계 1위다. 아바, 켄트Kent, 인플레임스In Flames 등 세계적 밴드들이 스웨덴에서 태어났다. 이들의 공통점은 대부분 학교 안에서 음악을 접하고, 밴드를 결성했다는 점이다. 록은 어떻게 스웨덴의 대중문화가 됐을까? 그리고 그것이 케이팝에 시사하는 점은 무엇일까? 록페스티벌에 참여한 밴드들을 만나봤다.

작곡도, 창작도 모두 스스로 하는 문화

신생 밴드 '벨베틴퀸Velveteen Queen'은 최근 스웨덴에서 인기를 끌고 있다. 2021년 고등학교 친구들끼리 결성한 밴드다. '자연스럽게' 밴드가 만들어졌다고 말한다. 리드기타를 맡는 루카스 악스Lukas Axx 씨는 이렇게 이야기했다.

같은 반에서 음악 수업을 들으며 서로의 취향을 알아갔고, 밴드는 저절로 결성됐습니다.

보컬을 맡은 사무엘 닐손Samuel Nilsson 씨는 페이스북을 통해 합류했다. 현재 멤버 대부분은 20대 초반이지만, 자작곡을 만들어 앨범을 직접 제작하고 뮤직비디오를 찍는다. 아이디어도, 작곡도, 편곡도 모두 스스로 하고 있다.

20여 년 차 스웨덴 밴드 '트럭파이터스Truckfighters'의 드러머 요엘 알렉스Joel Alex 씨는 음악학교를 다니며 드럼에 입문했다. 학교에 다니며 배운 기간은 불과 두세 달. 학업을 그만둔 후에는 오로지 독학으로 익혔다. 클래식, 록 음악을 틀고 리듬에 맞춰 드럼을 연주했다.

트럭파이터스가 처음 결성된 건 2001년으로, 멤버 두 명이 밴드를 결성하고, 다른 멤버를 모집했다.

첫 앨범은 밴드 멤버들이 즉흥적으로 연주를 하면서 만들게 됐습니다. 지금은 멤버들이 체계적으로 프로듀싱해 앨범을 만듭니다. 멤버들이 모여 스튜디오에서 작업하는 방식이에요. 악기를 연주하고, 합을 맞춰보는 연습 과정을 통해 자연스럽게 공동 창작이 이뤄집니다.

요엘은 앨범 제작에 많은 인원이 필요하진 않다고 말한다. 소속 레이블이 있지만, 음악 제작에 관여하지는 않는다.

(앨범 제작을 할 때) 많은 사람이 필요한 게 아니에요. 각자 맡은 바를 책임지고 작업합니다. 우리는 음악을 직접 만들고, 직접 전달하죠. 믹싱과 마스터링도 우리가 직접 해요. 공연 제작 실무도 대부분 멤버들이 함께 보고요. 물론 앨범을 발매하기 위해서 일부 사람을 고용하고 있어요. 레이블인 푸소라마레코드를 통해 전 세계 플랫폼에 발매하는 구조입니다.

밴드 멤버 구성도 비교적 자유롭다. 사정이 생기면 해당 포지션의 멤버를 새로 모집하는 형태다. 무엇보다 오랜 기간 밴드를 유지한 비결은 스웨덴 사람들 덕이다. 요엘은 어려서부터 음악을 접하고 배우면서 자연스러운 문화가 형성됐다고 말한다.

스웨덴 사람들은 정말 음악에 빠질 준비가 돼 있어요. 특히 록, 메탈 밴드를 정말 좋아합니다. 다른 장르가 유행할 때도 있었지만, 기본적으로 밴드 음악을 사랑하죠. 스웨덴 사람들에게는 음악을 통해 세계와 연결되고 싶은 욕망이 자리하고 있어요.

케이팝이 스웨덴에 배워야 할 점

케이팝은 일면 전 세계에서 가장 정교한 산업 시스템을 갖췄다. 하지만 그 정교함은 '기획된 창작'에 가깝다. 대부분 외부 작곡가가 곡을 만들고, 안무는 따로 짜인다. 아이돌이 창작에 개입하는 경우는 많지 않다.

반면 스웨덴에선 학교가 음악의 출발점이다. 학생들은 학교 안에서 자연스럽게 악기를 익히고, 밴드를 결성하며, 무대에 선다. 누가 시키지 않아도 음악을 만드는 문화. 지금의 음악 강국 스웨덴을 만든 토양은 거기서 비롯됐다.

하지만 이러한 생태계는 하루아침에 만들어지지 않는다. 스웨덴에서 만난 한 청년은 이렇게 말했다.

스웨덴에서는 대학 등록금이 무료입니다. 게다가 대학에 진학하면 나라에서 용돈도 줍니다. 그래도 진학률이 절반이 안 돼요. 꼭 대학을 가야 된다는 생각이 없을 뿐만 아니라 대학을 가는 게 '더 좋은 삶'이 아닌 거죠. 물론 변호사, 의사처럼 스웨덴 역시 특정 직업군을 선호하는 현상이 있지만, 한국만큼 강하진 않습니다. 가장 중요한 건 무엇을 할 때 행복하냐는 겁니다. 그렇다 보니 고등학교에서 다양한 직업군을 체험해보고, 그 후 본인이 하고 싶은 일을 하기 위해 실무 중심의 '직업학교'를 가는 경우가 많습니다. 스웨덴에서 아바 같은 음악가가 나올 수 있었던 것도 여기에 있다고 생각합니다.

스웨덴은 음악 교육을 '특기생'만 누리는 것이 아니라, 누구나 자연스럽게 접할 수 있는 환경에 두었다. 음악은 평가의 대상이 아니라, 삶의 일부로 존재한다. 스웨덴 음악 산업의 저력은 이런 환경에서 나왔다.

반면 케이팝은 기획과 통제가 우선시되는 구조 속에서 성장해왔다. 아이돌의 재능은 정형화된 시스템 안에서 길러지고, 이 교육조차 학교 밖에서야 접할 수 있다. 이런 환경에서 지속 가능한 창작 생태계를 기대할 수 있을까?

그렇다면 한국과 가까우면서도 밴드 음악이 발달한 일본의 사례는 어떨까? 일본의 밴드 문화를 자세히 살펴보자.

'기획'을 넘어 '자생하는' 아티스트

 국내에서 제이팝J-pop이 인기를 얻으면서 일본 가수가 '내한' 공연을 오는 일이 잦아졌다. 일본 밴드의 전설로 여겨지는 범프오브치킨Bump of Chicken, 오피셜히게단디즘Official髭男dism뿐만 아니라 요아소비YOASOBI, 킹누King Gnu 등 국내에서 새롭게 주목받는 일본 밴드도 늘었다. 국내 수요가 있는 제이팝의 가장 큰 특징은 '밴드 음악'이라는 점이다. 케이팝 아이돌 음악이 주류인 한국에서 밴드가 '아이돌처럼' 인기를 얻고 있는 셈이다.

 일본 밴드가 인기를 끌자 최근 국내에서는 아이돌 밴드 육성이 시도되고 있다. 성공 사례도 있다. 2015년 데뷔한 JYP 소속 밴드 그룹 데이식스는 최근 한국에서 선풍적 인기를 끌고 있다. 데뷔 초에는 큰 주목을 받지 못했지만, 2019년에 발매한 노래가 2024년에 역주행하는 등 대중적 인기를 얻었다.

아이돌 연습생이 아닌 유튜브 등 방송을 하던 유명인을 모아 만든 밴드 QWER의 음악과, 드라마 〈선재 업고 튀어〉의 극 중 밴드 이클립스의 음악 〈소나기〉도 인기를 끌었다.

비주류라는 이전의 인식과 달리 밴드가 대중적 음악으로 변모하고 있다. 스웨덴의 경우에서 살펴봤듯 밴드의 기본적 특징은 멤버들의 '자율성'이다. 결성부터 노래 제작, 콘셉트 설정까지 멤버들이 자체적으로 하는 경우가 대부분이다. 이와 동시에 대중적 흥행이 가능해진 거다. 케이팝에 기존의 아이돌이 아닌 '다양한 성공 모델'이 제시되고 있다.

함께 눈여겨봐야 하는 부분은 '자율형 아이돌'이다. 자율형 아이돌은 멤버 스스로 콘셉트를 만들고 음악을 만드는 '자체 제작형' 아이돌을 말한다. 이전에도 빅뱅의 지드래곤이나 블락비의 지코 등 일부 멤버가 프로듀싱하는 경우는 있었다. 그런데 최근에는 소속사에서 '자율형 아이돌' 결성을 지원하는 사례가 나왔다. 대표적 사례는 JYP의 '스트레이키즈'다. 멤버 전원이 작사·작곡은 물론 프로듀싱까지 직접 맡았다. 이는 대형 기획사가 연습생에게 그룹 제작을 일임한 실험적 케이스로 꼽힌다. 이들은 2024년 빌보드 핫100 49위에 진입하는 등 JYP의 대표 그룹이 됐다. 자율형 아이돌은 데뷔 후뿐만 아니라 데뷔 전 역시 기존 연습생보다 '자율적'인 것으로 알려져 있다.

그렇다면 밴드형 아이돌, 자율형 아이돌이 하나의 '대안'이 될 수 있을까? '연습생' 제도 없이, 또는 기존 제도와 다른 방식으로 어떻게 실력 있는 아티스트가 탄생할 수 있을까? 유독 밴드가 많이 배출되는 일본의 경우에서 시사점을 찾아보자.

일본 밴드 문화의 기반, 동아리 활동

일본은 동아리 활동이 공부만큼 중요하다. 공부보다 힘들다는 '부 활동'과 그보다는 비교적 자유로운 '서클 활동'이 모두 동아리 활동이다. 예체능 위주로 구성돼 있어서인지 학교 동아리에서 결성된 일본 밴드도 많다. 2024년 12월 내한 공연한 일본 밴드 시샤모SHISHAMO도 고등학교 경음악부에서 결성됐다.

일본 도쿄에 거주하고 있는 노나카 아키라野中晃 씨는 이제 막 대학을 졸업한 청년이다. 현재는 일본 최대 전자 회사의 입사를 앞두고 있지만, 학창 시절 그는 늘 음악과 함께했다. 초등학교부터 대학교까지 매번 음악 관련 부 활동과 서클 활동을 해왔기 때문이다.

아키라는 초등학생 때부터 부 활동을 했다. 관악합주부에 들어가 타악기를 연주했다. 일주일에 한두 번은 합주부에 시간을 쏟아야 했다. 중학교부터는 난도가 올라갔다. 그가 속한 관악합주부는 악명 높았다. 아키라는 아침저녁으로 매일 합주부 연습을 해야 했다. 매년 대회도 나갔다. 고등학생 때도 합주부 활동을 했다. 친구들과 축제 준비를 하면서는 밴드도 결성하게 됐다.

대학에 입학해서는 경음악 서클 활동을 했습니다. 부 활동은 연습량이 너무 많기 때문에 계속하는 게 어려웠지만, 음악이 좋았기 때문에 서클 밴드에 들어갔습니다.

아키라는 '취미'로 음악 활동을 했지만, 그가 동아리 활동을 하며 만난 지인들 중에는 데뷔한 뮤지션도 꽤 있다.

일본은 부 활동, 서클 활동이 굉장히 활발해요. 보통 여기서 많은 뮤지션이 배출되죠. 예전에는 고등학교 부 활동 출신이 많았는데, 최근에는 대학교 서클 활동 출신들이 많아지는 추세입니다.

일본의 자생적 음악 환경

현재 활동하고 있는 일본 밴드들은 어떨까. '일본의 홍대'로 불리는 도쿄 시모키타자와에는 골목마다 라이브하우스*, 밴드 연습실 등이 자리하고 있다. 생업을 병행하며 밴드 활동을 하는 이들은 이런 라이브하우스를 옮겨 다니며 공연한다. 크게 유명하진 않지만, 실력은 출중하다. 범프오브치킨, 미스터칠드런Mr. Children, 글레이GLAY 등의 밴드도 라이브하우스 출신이다. 기타를 메고 거리를 걷는 사람들도 눈에 띄었다.

시모키타자와 거리와 이곳에 있는 라이브하우스 '셸터'는 일본 만화《봇치·더·록!ぼっち·ざ·ろっく!》의 배경지가 되면서 한국 관광객의 발길도 잡고 있다. 밴드 음악을 사랑하는 이들에게 셸터는 필수 코스다. 매일 저녁 공연이 열리지만 표를 구하기 어려울 정도로 인기가 있다. 셸터 공연 라인업에 포함되는 것도 어려운 일이다.

2024년 8월 방문한 셸터 공연 라인업은 '너드마그넷Nerd Magnet, 베란다Verandah, 파빌리온Pavilion'이었다. 주요 출연자 너드마그넷은 나름 인지도 있는 일본 록밴

---

*   live house. 라이브음악을 선보이는 일본의 공연장을 지칭한다.

최근 국내에서 제이팝이 인기를 끌면서 일본 밴드에 대한 관심이 늘어나고 있다. 일본 도쿄 라이브하우스 셸터에서 공연하고 있는 밴드 너드마그넷의 모습.

드다. 오사카를 주무대로 활동하기 때문에 도쿄에서 이들을 보는 건 흔치 않은 기회였다. 공연이 시작되기도 전, 셸터는 너드마그넷의 공연을 보러 온 사람들로 넘쳐났다. 셸터 관계자는 "하루에 평균 100명 정도의 관객이 온다. 너드마그넷이 공연한 17일에는 150명 이상의 관객이 온 상황"이라고 말했다.

너드마그넷이 첫 앨범을 발매한 건 2019년이지만 활동을 시작한 건 2006년부터다. 보컬 스가다 료타須田亮太 씨는 대학교 경음악부에서 활동하며 밴드를 결성했다. 이전까지는 삼촌에게 받은 기타로 독학하며 음악을 공부했다. 국제관계학을 전공했지만 밴드를 할 수 있었던 이유는, 그가 음악을 전업이 아닌 취미로 삼아왔기 때문이다.

> 처음에는 대학 공부와 함께 밴드 활동을 병행했습니다. 그러다가 취직할 시기가 왔는데, 저는 취직을 해서도 밴드를 계속했죠. 그게 10년째 계속되고 있습니다.

너드마그넷의 베이스 사에코さえこ 씨는 온전히 독학으로 악기를 배웠다. 그는 뒤늦게 밴드에 합류해 멤버가 됐다.

음악 이론은 지금도 알지 못합니다. 음악의 여러 곡들을 카피하고, 패턴을 익혔죠. 귀로 먼저 듣고 어디서 나는 소리인지 찾아보면서 음악을 배우고 있습니다.

이들은 매주 모여 연습을 한다. 주말에는 라이브하우스에서 공연을 하고 평일 저녁에는 연습을 하는 식이다. 소속사 '디스타임레코드'가 일정 관리와 앨범 제작을 담당한다. 우리나라 소속사와는 어떻게 다를까. 료타는 소속사가 사생활에 간섭하는 일은 전혀 없다고 말한다.

소속사와는 실무적 부분만을 논의합니다. 뮤직비디오를 언제 촬영할지, 투어를 언제 할지, 공연장을 어떻게 빌릴지 등 스케줄과 관련된 부분을 논의합니다.

음악 장르, 앨범 콘셉트는 어떻게 정해질까. 음악과 관련된 작업은 전적으로 너드마그넷 멤버들의 몫이다. 주로 료타가 곡을 작곡하고, 작곡한 곡이 모이면 앨범 발매를 논의한다. 소속사의 역할은 이때부터다.

저희는 주로 파워팝 장르의 음악을 합니다 이 장르로 콘셉트를 잡고 활동하지만, 다른 밴드를 보면 장르에 구애받지 않고 활동하는 경우도 많은 것 같아요.

다만 료타는 밴드 활동만으로 생계를 유지하기는 어렵다고 말한다.

저희는 오사카에 살고 있기 때문에 오늘처럼 도쿄로 공연을 오면 교통비나 숙박비 등 비용도 많이 들어요. 굿즈나 앨범 판매 수익도 있지만, 지금은 수입과 지출이 거의 비슷한 것 같습니다.

수익과 무관하게 활동 기회는 많다. 공연할 수 있는 라이브하우스가 도시 곳곳에 있기 때문이다. 소속사 없이 자체적으로 활동하고 있는 '베란다'와 '파빌리온' 모두 마찬가지다.

약 10년 전에 결성된 밴드 베란다는 대학교 서클에서 시작됐다. 지금까지 활발히 활동하고 있는 멤버들은 모두 생업이 따로 있다. 역시 주 1~2회 모여 연습하고, 주말에는 공연을 다닌다. 앨범을 발매하고 홍보를 하는 역할도 멤버들이 자체적으로 맡고 있다.

4년 전에 결성된 신생 밴드 파빌리온도 대학교 부 활동에서 만났다. 멤버들은 모두 음악을 독학했고, 대학에 와서야 음악을 배웠다. 이제 막 대학을 졸업한 멤버들은 밴드 활동에 전념할지 취직할지 고민하고 있다. 다만 일과 병행하며 밴드 활동을 하는 사례가 많기 때문에 가족들이 밴드 활동을 반대하지 않는다고 말했다.

베란다와 파빌리온 멤버들은 입을 모아 일본 내 밴드가 자생하기 쉬운 구조라고 강조했다. 베란다 멤버들은 "일본에서는 밴드가 나오기 쉬운 환경인 것 같다. 고등학교나 대학교에 밴드 동아리가 많이 있기 때문이다. 이 때문에 어릴 때부터 음악을 시작할 수 있는 환경이 갖춰져 있다"라고 설명했다. 파빌리온 멤버들 역시 "시모키타자와를 중심으로 공연할 수 있는 라이브하우스가 많은 편이다. 처음부터 규모를 크게 준비하면 힘들겠지만, 작게 시작하기 때문에 자체적으로 할 수 있는 부분이 많다"라고 말했다.

아이돌의 자율성과 기획 사이의 균형점

이처럼 일본의 밴드와 케이팝 아이돌의 가장 큰 차이는 '자율성'이다. 일본 밴드는 결성부터 음악 제작, 공연 기획까지 모든 과정에서 멤버들이 선택이 핵심이나. 기획사의 철저한 관리와 통제가 아닌 멤버 개개인의 창작력을 기반으로 성장한다. 음악에 대한 공부도 어려서부터 학교에서 자연스럽게 접한다.

그래서일까. 1980년대부터 발달한 일본 밴드 음악은 그 장르도 다양하다. 밴드 음악이라고 해서 획일적이지 않고, 시부야케이*, 시티팝 등 실험적 장르가 계속 시도됐다.

팬층도 다양하다. 장르별로 '마니아층'이 있고, 애니메이션 주제곡으로 일본 밴드 음악이 많이 사용되면서 대중적인 인기도 얻었다. 이 때문인지 일본 밴드 음악은 '일시적 열풍'에 그치지 않고 오랜 기간 인기를 유지하고 있다.

일본 밴드 문화는 아티스트에게 충분한 결정권이 주어지더라도 음악적 성과와 정서적 건강을 함께 이룰 수 있음을 보여준다. 여기서 케이팝의 지속 가능한 성장 가능성을 엿볼 수 있다. 물론 케이팝이 완전히 일본 밴드의 방식을 모방하거나, 자율성을 극단적으로 높이는 것은 현실적으로 쉽지 않다. 아이돌 산업의 특성상 높은 수준의 '기획'이 필요한 데다 소속사의 '역할'이 큰 비중을 차

---

*　渋谷系. 도쿄 시부야 지역을 기반으로 재즈, 팝, 일렉트로니카 등 다양한 장르가 혼합된 음악.

지하기 때문이다. 따라서 앞으로 케이팝 산업의 과제는 아이돌의 자율성과 기획사의 기획 사이에서 균형점을 찾는 일이다. 이와 함께 스웨덴, 일본의 경우처럼 아동·청소년이 생활 속에서 자연스레 음악을 접하며 스스로 공부하고, 배울 수 있는 공적인 저변을 만들어가야 한다.

이제 시선을 한국으로 돌려보자. 그렇다면 우리나라는 지속 가능한 케이팝 생태계를 위해 어떤 준비를 하고 있을까?

공교육이 케이팝을 키울 수 있을까

업계의 상충하는 이해관계

정부에서는 지금의 케이팝 산업을 어떻게 보고 있고, 어떤 고민을 할까. 문체부 관계자는 케이팝 산업의 다양성과 지속성에 대해 고민하고 있다고 말한다.

이제는 음반 시장 구조를 같이 고민할 때라고 봅니다. 아티스트나 연습생의 처우 문제도 마찬가지예요. 케이팝이 장기적으로 지속 가능해지려면 반드시 짚고 가야 할 부분들이죠. 내부적으로는 케이팝의 다양성에 대해 고민하고 있습니다.

이 관계자는 문체부에서는 케이팝 산업의 핵심 쟁점으

로 음반 시장 구조 개선, 산업 종사자 처우 문제, 그리고 장르의 다양성을 주목하고 있다고 설명했다.

문체부 역시 아이돌의 학습권에 관심을 가지고 있다. 관련 법 개정으로 2025년 8월부터 연예기획사는 청소년 대중문화예술인을 보호할 '청소년보호책임자'를 지정해야 한다.

청소년 대중문화예술인들에 관한 인권 침해 사례는 이렇습니다. 청소년들이 촬영 일정 등 외부 상황에 의하여 학교생활을 제대로 못 하는 등 다양한 부분에서 사생활 침해 요소가 있는 것으로 파악하고 있습니다.

정부의 개선안은 '법'을 만지는 것이다.

표준계약서를 보급해 최소한의 보호장치를 만들었고, 심리 상담이나 법률 자문도 지원하고 있어요. 국회와 함께 미비한 법 제도를 개선하기 위해 노력하고 있습니다. 아동·청소년 대중문화예술인들의 보호가 잘 이루어지는지 실태조사도 계속 진행하고 있습니다. 2025년 8월 청소년보호책임자 지정 제도가 시행되면서, 앞으로 조금씩이나마 청소년 대중예술인들에 대한 인식도 개선될 것으로 기대하고 있어요.

다만 아이돌을 '노동자'로 볼 수 있느냐는 질문에 대해서는 조심스러운 입장을 보였다.

노동자성 인정 여부와는 별개로, 한국에서 활동하고 있는 모든 사람은 보호받고, 자신의 권리를 누리는 것이 당연합니다. 다만 연예 산업은 일반적 노사관계와 달리 다양한 이해관계, 팬덤의 소비 구조 등이 얽힌 특수한 생태계죠. 활동에 들어가는 비용을 기획사와 공동 부담하는 구조이기 때문에 기존의 '노동자' 개념을 적용하기 어려운 측면이 있습니다. 다만 문체부에서는 명확하게 대중문화예술인들의 권익과 인권이 더 보호받아야 한다는 점을 인식하고 있습니다. 제도 정비를 위해 법안 논의를 이어가고 있습니다.

그는 케이팝 산업과 관련된 정책 추진에 어려운 점이 있다고 토로했다. 이해관계가 너무 다른 탓이다.

산업 내에는 아티스트, 팬, 기획사, 작곡·작사가, 안무가, 공연기획사 등 다양한 이해관계자가 있습니다. 관계자와 폭넓게 소통하고 관련 의견을 섬세하게 조정하는 것 역시 어려운 점이죠. 하나의 기준을 만드는 것이 쉽지 않습니다. 예를 들어 음반 시장의 경우 팬들 사이에서도 포토카드나

응모권을 끼워 팔며 앨범을 판매하는 과도한 마케팅 방식에 대한 피로감이 있습니다. 반대로 이를 하나의 문화로 생각하는 사람들도 있습니다. 앨범과 관련된 환경문제도 그렇고요. 기획사들도 문제는 인식하고 있는데, 적극적 개선 시도는 많지 않습니다.

이 때문인지 정부가 주도하는 정책 추진은 지양하고 있다. 케이팝 산업이 '창작'의 영역인 탓도 있다.

콘텐츠 산업은 창의성과 자율성이 중요합니다. 이렇게 할 때 역량이 발휘되고, 다양한 콘텐츠가 생성되고, 지속 가능하게 성장합니다. 정부가 일률적 기준을 제시하기보다는 자정 기능을 발휘하는 게 좋다고 봅니다. 함께 해결책을 모색하는 게 바람직하다고 보고 있습니다.

그는 케이팝의 성장을 위해서도 정부가 노력하고 있다고 전했다.

아티스트들이 해외에서 공연할 기회를 가질 수 있도록 민간기업은 물론 한국관광공사 등 다양한 공공 기관과 협업을 통해 노력하고 있습니다. 최근에도 다양한 장르의 뮤지션들이 해외 쇼케이스를 열고 페스티벌에 참가할 수 있도록 지원하고 있고, 뮤지션들의 음악 영상 콘텐츠 제작도 지원하고 있습니다.

다만 지금까지 케이팝 산업의 발전은 대부분 민간에서 이뤘다.

케이팝은 여러 아티스트들과 음악 산업 관계자들의 창의력과 노력이 선행됐습니다. 정부에서는 이런 산업계의 노력을 지원하기 위한 정책을 추진하고 있습니다.

'케이팝 고등학교'라는 새로운 시도

케이팝 산업의 확장은 더 이상 기획사와 아이돌, 연습생만의 일이 아니다. 이제는 정부가 나서고 있다. 그렇다면 공교육이 케이팝을 키워낼 수 있을까? 정부와 교육 현장에서도 이 질문에 답하려는 시도가 시작됐다.

최근 민간이 아닌 공공에서 케이팝 산업 전면에 나서고 있다. 바로 케이팝 고등학교다. 특성화고등학교에서 케이팝을 전문으로 가르치는 방식이다. 사교육과 달리 케이팝 고등학교는 '실패'를 가르치지 않는다. 비단 아이돌 데뷔만을 목표로 하지 않기 때문이다. 케이팝 산업과 관련된 다양한 길을 제시해주는 '길잡이'가 목표다.

과연 아이돌 육성 시스템과 케이팝 고등학교는 어떤 차이가 있을까?

지금까지 아이돌이 주로 재학하던 학교는 예술고등학교다. 대부분 정식 인가를 받은 고등학교가 아닌 대안학교로, 아이돌이 수업을 빠지기에 용이하다. 아이돌이 되고 싶거나 예술계로 진학을 원하는 아이들은 학교의 '간판'을 보고 예술학교에 진학한다. 학교는 돈을 벌고, 아이돌은 스케줄을 병행할 수 있는 상부상조 구조다.

그러나 최근 등장한 케이팝 고등학교는 다르다. 케이팝 고등학교는 '공교육 체계' 안에서 아이돌을 길러내는 새로운 시도다. 충청남도 홍성군의 한국케이팝고등학교는 국내 최초의 케이팝 전문 교육기관으로, 2020년 3월 개교했다. 이 학교는 공연예술학과 단일 학과로 구성되어 있으며, 댄스, 보컬, 랩, 미디(작곡·편곡·프로듀싱) 등 다양한 전공 분야에서 전문적 수업을 제공한다. 학생들은 개인 연습실, 댄스실, 녹음실 등 최신 시설을 활용해 실습하며, 모든 수업은 무료로 제공된다.

한편 인천광역시에 위치한 인천대중예술고등학교는 기존 하이텍고등학교에서 2020년 전환된 공립 특성화

학교다. 케이팝의 미래를 키운다는 목표로 실용음악과, 연기예술과, 실용무용과, 영상제작과 등 다양한 전공을 두고 있다.

부산교육청도 케이팝 인재 양성을 위해 공립 국제케이팝고등학교(가칭) 설립을 추진 중이다. 2028년 개교를 목표로 하며 보컬, 댄스, 작사, 작곡 등 실용예술 분야의 맞춤형 교육과정을 제공할 예정이다. 특히 외국인 유학생들은 '전액 장학생'으로 추천 입학할 전망이다.

현재 국내에 있거나 추진되는 케이팝 고등학교는 모두 서울이 소재지가 아니다. 부산의 경우 지역 소멸 대응의 일환으로 외국인 유학생을 적극 유치한다는 계획이다.

기획사에서 길러내는 연습생과 달리 고등학교 학생들은 데뷔하지 못해도 길이 있다. 케이팝의 다양한 진로를 배우면서 산업에 진입할 수 있는 기회를 얻는다. 무엇보다 사교육에만 맡겨왔던 케이팝 산업을 공교육에서 본격적으로 다루고 있다는 점도 큰 의미가 있다.

물론 케이팝의 공교육은 한계가 뚜렷하다. 케이팝의 핵심 중추인 '아이돌'을 길러낼 수 있냐는 문제가 있다. 아이돌을 지망하는 아이들 대다수는 고등학교 입학 전에 이미 연습생이거나 또는 데뷔한 상태다. 기존 아이돌 연습생 시스템을 대체하기보다 외국인 유학생 유치 등 '목적' 자체가 다른 게 아니냐는 비판도 있다. 케이팝 고등학교가 아이돌의 다른 길을 닦을 수 있을지는 조금 더 지켜봐야 한다.

똑같은 성공 공식 벗어나기

'자율형 아이돌' '참여형 아이돌' '아이돌 출신 기획자' '아이돌 밴드'. 최근 엔터업계에서 시도하는 '아이돌 육성'의 새로운 접근 방식이다. 이런 신선한 시도는 의외로 중소 기획사에서 도전한다. 기존 성공 공식대로만 해서는 대기업과 겨룰 수 없기 때문이다.

JYP, FNC엔터테인먼트(이하 FNC) 등에서 기획, 마케팅, 제작을 담당하고 AFUN인터랙티브에서 가상 아티스트 마케팅을 했던 윤선미 한국개발연구원 초빙전문위원은 다양한 성공 모델이 나와야 시장이 건강해질 수 있다고 말한다.

지금은 중소 기획사에서 성공적 모델이 나온다는 것 자체가 기적 같은 일입니다. 사실 다양한 형태의 모델이 나와야 시장이 건강하게 돌아갈 수 있다고 생각합니다. 음악으로 성공한 아이돌도, 팬덤이 중점인 아이돌도 있어야 하고, 자작곡 밴드 아이돌도 많이 나와야죠. 케이팝이 음악적으로 한 장르에 국한되는 게 아니기 때문에 다양성이 더 많아져야 한다고 봅니다. 정부의 지원도 필요하고요.

이처럼 최근에는 기존 케이팝 공식과 다른 흐름도 감지된다. 2025년 6월 더블랙레이블의 '올데이프로젝트'는 '전원 성인'에 '혼성' 그룹으로 등장해 데뷔곡으로 빌보드 200 차트에 들었다. 멤버 대부분이 댄서, 모델, 래퍼 등 다른 직업을 가졌던 경험이 있고, 다섯 명 중 세 명이 현재 대학생이기도 하다.

데뷔 전까지 외부 노출을 차단하고, '신비스러움'을 강조하던 마케팅 방식에도 변화가 생겼다. 유명 댄서나 노래로 유명한 유튜버가 아이돌로 데뷔하는 사례도 늘고 있다.

넷플릭스 애니메이션 〈케이팝 데몬 헌터스KPop Demon Hunters〉*가 세계적 인기를 얻으면서 극에 등장하는 애니메이션 아이돌의 팬덤이 형성됐다. 그러자 관심이 한풀 꺾였던 가상 아이돌**이나 케이팝 아이돌을 활용한 웹드

라마, 애니메이션 등을 적극적으로 제작해야 한다는 주장도 나온다.

케이팝의 다양성은 아이돌의 인권과도 직결된다. 기존 연습생 육성 방식이 아닌 '다른' 방식으로도 성공할 수 있다는 것을 보여줄 수 있기 때문이다. 그렇다면 대형 기획사가 장악한 케이팝 시장에서 중소 기획사는 어떤 전략을 세웠을까. 또 이들이 보는 엔터업계의 현안은 무엇일까.

아이돌 없는 '북유럽'을 공략하다

3부에서 이야기한 〈케이팝 노르딕 페스티벌〉에서 하나의 사례를 찾아볼 수 있었다. 행사가 진행되는 스톡홀름의 한국문화원 안팎은 케이팝 아이돌을 보기 위해 찾아

---

*   2025년 6월 20일 공개된 소니픽처스애니메이션 제작의 미국 넷플릭스 오리지널 애니메이션. 한국 케이팝 아이돌을 소재로 한 작품으로 공개 4일 만에 넷플릭스 서비스 제공 국가 중 41개국에서 일간 순위 1위를 달성했다. 영화 삽입곡들은 빌보드 핫 100에 오르기도 했다.

** 3D 그래픽이나 애니메이션, AI 기술 등을 활용해 만들어진 가상의 아이돌 캐릭터로, 노래와 춤 등의 활동을 온라인 공간에서 수행한다.

온 스웨덴 사람들로 넘쳤다. 걸그룹 프림로즈가 온다는 소식을 들은 케이팝 팬들이 몰린 것이다. 이날 프림로즈의 싱글앨범《리바이벌》실물이 선 공개됐고, 팬 사인회도 열렸다.

이들의 이름은 국내에서는 다소 생소하지만, 스웨덴에선 달랐다. 눈여겨볼 부분은 이곳에 온 사람들이 비단 프림로즈의 팬만은 아니라는 점이다. '케이팝' 전반을 좋아하는 스웨덴 사람 모두에게 한국 아이돌이 현지에 방문하는 건 흔치 않은 기회였다.

열여덟 살 동갑 S와 T는 스톡홀름에서 프림로즈 사인회가 열린다는 소식을 듣고 찾아왔다.

우리는 프림로즈를 좋아하지만, 이전에도 케이팝을 좋아했습니다. 케이팝의 가장 큰 장점은 퍼포먼스라고 생각합니다. 오늘 프림로즈를 만나는 게 정말 기대됩니다.

아빠와 딸이 함께 방문하기도 했다.

딸이 케이팝을 좋아해서 노래를 듣게 됐습니다. 처음 듣고 굉장히 좋다고 생각했습니다. 이런 기회는 많지 않습니다. 걸그룹 '아이들'을 보기 위해 영국까지 간 적도 있습니다.

케이팝을 좋아해 지역 팬 커뮤니티에서 활동하는 중년의 W 씨도 팬 사인회를 찾아왔다.

케이팝을 정말 좋아합니다. 스웨덴에서 케이팝이 잘됐으면 하는 마음에 오늘 방문했습니다. 스웨덴에 케이팝 아이돌이 오는 경우가 없어서 너무 아쉽습니다. 여기에 케이팝을 좋아하는 사람들이 꽤 있습니다.

열일곱 살 Y는 프림로즈를 보기 위해 전날 열린 〈케이팝 노르딕 페스티벌〉에 이어 팬 사인회도 왔다.

프림로즈를 보기 위해 핀란드에서 왔습니다. 데뷔 때부터 팬이었습니다. 퍼포먼스를 보고 팬이 됐죠. 홍보대사로서 공연한 페스티벌에 이어 오늘 팬 사인회를 열어서 정말 기쁩니다.

프림로즈의 전략은 '북유럽'이다. 4인조로 멤버를 재편한 후 북유럽신화 라그나뢰크를 모티브로 세계관을 구성했다. 북유럽 여신 프레이야가 선택한 네 명의 수호신이 프림로즈다. 세계관에 따라 멤버 각자의 능력이 설정됐고, 이를 바탕으로 스토리를 만들어나갈 예정이다.

프림로즈 멤버 루비는 "앞으로 발매할 앨범에서 북유럽신화를 바탕으로 우리의 새로운 색깔을 계속 보여줄 예정"이라고 말했다.

아이돌 그룹마다 '세계관'이 있는 건 흔한 일이지만, 북유럽이 모티브가 된 건 이례적이다. 소속사 AO엔터테인먼트 마케팅 담당자는 북유럽 내의 인기에 비해 현지에서 아이돌 활동이 없다는 점을 고려했다고 말했다.

북유럽 현지에서 케이팝 그룹의 완전체 활동은 거의 없습니다. 이에 비해 스웨덴 사람들은 정말 케이팝에 목말라 있죠. 심지어 케이팝 주요 차트의 음원은 대부분 스웨덴 작곡가가 참여하고 있습니다.

AO엔터테인먼트는 중소 기획사지만, 대형 기획사 출신 직원을 여럿 영입했다. 마케팅 전략도 기존과는 달랐다. 한국에서 성공한 후 외국으로 나가는 아이돌이 아니라, 정반대가 되기로 한 것. 팝의 중심지에서 먼저 인정받자는 전략이다.

중소 기획사에서는 대기업과 똑같이 마케팅하고, 똑 같은 노래를 내서는 절대 겨룰 수 없다고 생각했습니다. 1, 2집을 발매하면서 경험을 쌓았고, 전략을 새로 세웠습니다. 북유럽에서 케이팝을 좋아하기는 하지만, 대부분 라틴팝, 밴드 음악이 중심입니다. 여기서 한국의 퍼포먼스를 보여주면 신선함이 있으리라 생각했습니다. 생각보다 스웨덴 현지의 관심이 많이 느껴져서 저희도 놀랐습니다.

중소 기획사가 살아남기 위해선…

아이돌 그룹 하나를 제작하는 데 수억 원은 기본이다. 20~30억은 투입해야 '아이돌다운' 아이돌을 만들 수 있다. 대형 기획사를 제외하곤 아이돌 제작에 혀를 두르는 이유다. 프럼로즈를 제작한 허찬 AO엔터테인먼트 대표는 케이팝이 건강한 시장으로 거듭나기 위해서는 중소 기획사에도 기회가 있어야 한다고 말한다.

지금은 중소 엔터사가 살아남을 수 없는 시장입니다. 중소 기획사에서 제2의 BTS가 나올 수 있는 환경이 아닙니다. 어느 정도냐면요, 회사 명의로 신용카드를 발급받는데 '신용카드 보증금'을 내야 한다고 합니다. 제 개인의 신용이나 자산은 문제가 없습니다. 법인카드인데, 카드 한도가 500만 원입니다. 사실상 체크카드죠. 엔터 산업의 현실입니다. 기업 성장을 위한 인프라가 전혀 없어요.

허 대표는 케이팝의 잠재적 가치가 훨씬 크다고 말했다. 그런 이유로 엔터 산업에 뛰어들었다.

1인당 GDP가 4만 달러 이상 되는 나라들은 제조업 기반의 경제가 아니죠. 현재 케이팝 시장은 돈으로만 봤을 때는 규모가 매우 작지만, 국가적 브랜드 가치는 굉장합니다. 이 파급력은 돈으로 따질 수가 없죠.

그는 음악 산업에 대한 국가적 지원이 필요하다고 지적했다.

최근에 스웨덴 작곡가들과 송캠프를 개최하기로 했습니다. 돈이 없었는데, 스웨덴 정부 덕분에 할 수 있었습니다. 자국 작곡가들이 한국에 가는 비용을 스웨덴 정부에서 전액 지원한다고 합니다. 스웨덴은 세계적으로 음악 관련 수출을 가장 많이 하는 나라죠. 이 산업을 진흥하기 위해 국가에서 많은 지원을 해주는 겁니다.

허 대표는 아이돌 산업의 폐해를 개선하기 위해서는 케

이팝을 산업적 측면으로 바라볼 필요가 있다고 말했다.

저도 아이돌 인권 문제를 잘 알고 있습니다. 그래서 멤버들의 환경을 고려하고, 의견을 수렴하려 노력하고 있습니다. 그러나 한계가 있을 수밖에 없죠. 일단 이 사업을 유지하는 데만 돈이 정말 많이 들어가다 보니 제 사비를 몇십 억씩 투자하고 있습니다. 엔터 사업에 R&D 투자를 한다는 이야기는 들어본 적이 없습니다. 무형자산, IP(지식재산)를 확장하기 위해서는 사업적 측면에서 인프라가 있어야 합니다.

엔터테인먼트를 위한 지원 체계가 있어야 한다는 주장은 계속 있었다. 특히 중소 기획사의 경우 대표 개인의 자금으로 운영할 수밖에 없고, 그러다 보니 사채를 쓰는 사람까지 생겨나기 시작했다. 중소 기획사 아이돌이 7년을 꽉 채워 일해도 '정산'받을 수 없는 이유기도 하다. 업계 사정을 잘 알고 있는 한 변호사는 "대표 개인의 사채를 충당하기 위해 소속사의 회계 내역을 조작하는 경우는 빈번하다"고 말했다.

어린 나이부터 '억압'이 동반된 오랜 연습생 생활, 그리고 데뷔 후 7년. 이 '성공 공식'이 깨질 필요도 있다. 다양한 모델, 다양한 마케팅은 아이돌의 '자율성'과도 연관돼 있다. 지금까지 케이팝 산업은 정형화된 아이돌 육성 시스템과 획일적인 성공 공식을 따랐다. 이로 인해 아이돌 개개인의 자율성은 제한될 수밖에 없었다. 정해진 아이돌의 이미지와 마케팅 방식에 맞추기 위해 아이돌은 일상생활은 물론 사생활까지 철저히 통제받아야 했다. 대부분이 미성년자이기 때문에 아이돌은 어린 나이부터 통제받는 환경을 '당연한 것'으로 여기며 자랄 가능성이 크다. 그렇기에 기존과 다른 마케팅 방식을 시도하거나 기존 연습생 구조에서 벗어난 사례가 많아질수록 아이돌의 '선택지'도 넓어질 수밖에 없다.

예컨대 아이돌 스스로 음악을 제작하거나, 한국이 아닌 해외시장을 공략하거나, 성인 멤버들로만 그룹을 구성하는 등 기존 틀에서 벗어나는 시도가 늘어날 때, 아이돌에게 주어지는 선택의 폭 또한 넓어진다. 결국, 케이팝의 다양성과 인프라에 아이돌을 꿈꾸는 아이들의 미래가 달려 있는 것이다.

**종사자를 배출하는
전문 교육**

2023년, '아이돌 명가' SM이 사교육 시장을 뒤흔들었다. 입시학원이 몰려 있는 서울 대치동에 'SM유니버스 학원'을 열었기 때문이다. 모델 기획사 에스팀, 종로학원과 함께 케이팝 아이돌 지망생을 위한 학원을 만든 것이다. 이곳에 입학하기 위해선 학교를 '자퇴'해야 한다는 조건이 걸렸다고 알려졌다. 케이팝 스타가 되고 싶은 아이들은 고등학교 진학 대신 2년간 이 학원에 다녀야 했다. 학원비도 월 200만 원이 넘었다. 그렇다고 해서 '연습생 합격'을 보장하는 것도 아니다. 결국 아이들을 대상으로 '꿈' 장사를 한다는 비판에 직면했다.

그런데 불과 1년 후인 2024년 하반기, SM유니버스는 교육과정을 전면 개편했다. SM유니버스는 더 이상 자퇴를 요구하지도, '학교'의 대안이라고도 말하지 않는다. 눈여겨볼 점은 수업의 종류다. 아이돌을 위한 보컬, 춤뿐 아니라 작곡, 비즈니스 등의 수업도 개설했다. '실연자'부터 기획, 제작까지 케이팝 산업의 모든 과정을 교육하는 셈이다.

그렇다면 SM은 왜 사교육 시장에 뛰어든 걸까?

인프라와 산업 범위를 확대하는 시도

'대안학교'를 표방하던 SM유니버스는 '트랙 제도'를 폐지했다. 중학교를 졸업한 아이들을 대상으로 2년간 아티스트 트랙, 프로듀서 트랙으로 전공을 나눠 교육하기로 한 제도를 없앤 것. 대신 모집 대상을 초등학교 1학년부터 중학교 3학년까지로 낮추고 '단과' 프로그램을 늘렸다. 성인 대상 수업도 별도로 만들었다. '대안학교'가 아닌 '학원'이라는 본연의 목적으로 돌아오기로 한 거다.

단과 수업은 댄스, 보컬, 작곡, 작사, 프로필 포토, 오디션, 아티스트 비즈니스 클래스 등으로 개편됐다. 비단 아이돌이 되고 싶은 학생뿐 아니라 작곡가나 프로듀서 등을 지망하는 학생들을 위한 수업도 있다. 케이팝 관련 '비즈니스'도 배울 수 있다. 정부 지원을 받아 개설한 수업들도 있다. 차세대 가상 엔터테인먼트 콘텐츠 개발자와 엔지니어 양성 과정 수업도 열었다. 가상 콘텐츠 등 케이팝 산업의 디지털 기술을 전액 국비 지원으로 수강할 수 있다.

SM유니버스는 왜 갑자기 노선을 바꿨을까? 장재원 SM유니버스 대표는 "아이돌을 선발하는 연령이 점점 어려지고 있기 때문"이라고 말한다. 초등학생 나이부터 연습생을 선발하는 기획사가 늘어나는 만큼 고등학생 나이대를 대상으로 교육하는 SM유니버스학원의 트랙 제도가 애매해진 탓이다.

현재 상황에서 고등학생, 대학생들이 준비해서 데뷔하기는 정말 어렵습니다. 연습생 선발 연령대가 낮아지고 있어서죠. 또 고등학교를 자퇴하고 학원에 입학해야만 아이돌 연습생이 될 수 있다는 걸 이야기한 게 아니었습니다. 그런 오해가 없었으면 합니다.

장 대표는 SM유니버스학원의 목표가 '아이돌' 양성만이 아니라고 말한다. 엔터사의 아이돌 육성 시스템과는 다르다고 선을 긋는 이유다.

우리의 궁극적 목표는 케이팝 인프라의 확대입니다. SM과 방향이 다른 이유입니다. 케이팝에 관심 있는 해외 학생들을 육성하고, 업계 전반이 발전할 수 있는 다양한 커리큘럼을 만들고자 해요. 그래서 작곡가, 프로듀서 육성 과정이나 '전직' 또는 '취미'를 위한 성인반도 넣었습니다.

SM의 '인재 수급' 목적은 아니라고 단호하게 이야기한다.

단순한 실력이나 외모뿐 아니라, 기획사마다 선호하는 인재상이 달라요. 우리는 아이들의 재능과 관심사에 맞게 조언하는 역할을 할 뿐입니다. SM뿐 아니라 FNC, 피네이션 등 다양한 기획사에서 단독 회사 오디션을 요청해 진행한 적도 있습니다.

SM유니버스학원의 수강생들은 초등학교 1학년부터 40대 성인까지 고루 분포한다. 2025년 기준 학생 중 청소년 320여 명, 성인은 300여 명이다. 정부 지원 교육 사업 수강생들은 110명이다. 분야별 전임 교사 다섯 명이 있고, 강사는 총 75명이다.

장 대표는 향후 케이팝 교육자를 육성하는 시스템을

만들고 싶다고 말했다.

우리의 목표는 케이팝의 범위를 넓히고, 그것을 해외로 확장하는 것입니다. 여기에 맞게 다양한 분야의 과목을 만들고 싶어요. 현재도 우리 학원의 강사를 위한 교육 프로그램을 준비하고 있고요. 외국에서는 케이팝을 배우고 싶어도 제대로 아는 교사가 없다고 합니다. 케이팝 인재를 육성하는 교육자를 배출하고 싶습니다.

다양한 길을 제시하는 교육의 필요성

2022년 SM에 합류한 장 대표는 본래 투자 및 경영컨설팅 전문가였다. 2023년 SM유니버스 대표로 취임한 그에게도 케이팝은 아직 낯설다. 그러나 그 영향력만큼은 실감하고 있다.

요즘은 내가 딸보다 케이팝을 더 많이 들어요. 미국에서 MBA를 취득했는데, 올해 모교에서 한국어를 정식으로 가르친다는 소식을 접했습니다. 다른 과목과 다르게 학생들이 먼저 요청해 과목이 만들어졌다고 해요. 케이팝을 통해 한국 전반에 관심을 보이는 학생들이 많아진 겁니다.

언어뿐 아니라 케이팝 산업을 가르치는 과목도 열렸다고 합니다.

여느 대형 입시학원처럼 아이돌 학원을 전국에 확장하려는 계획은 없을까. SM유니버스는 현재 대치동에 위치한 사옥을 제외하고는 국내에 지점을 늘릴 계획은 없다고 밝혔다. 최종 목표는 해외 진출이기 때문이다.

동남아시아를 시작으로 SM유니버스학원을 늘리는 게 목표예요. 지금은 싱가포르에 설립하기 위해 논의하고 있고요. 국내에서는 지점을 늘리는 게 아니라 케이팝 과목을 설립한 대학교와 협업하고, 지방에 있는 학교를 찾아가 파견 교육을 하는 등 '협업'의 방식을 택할 겁니다. 미국도 할리우드가 있으니 이를 기반으로 전 세계에서 사람이 모이지 않나요? 케이팝도 그렇게 돼야 한다고 생각합니다.

장 대표는 케이팝이 지속 가능하게 하려면 산업의 인프라가 확대돼야 한다고 생각한다.

지금은 아이돌 연습생을 하다가 데뷔를 못 하면 그냥 끝입니다. 이런 일이 생기지 않게 하려면 국영수 등 기본 교육도 해주어야 하고, 다른 길을 갈 수 있게 방향도 제시해주어야 해요. 꼭 아이돌이 아니더라도 작곡가가 될 수도, 뮤직비디오 감독이 될 수도 있어요. 여러 갈래를 제시해주는 거죠. 생활체육처럼 교육이 이루어져야 합니다. 그 인프라를 만든다는 생각으로 시작했습니다.

장 대표는 케이팝을 교육적으로 정의하고, 이론을 정립해나가는 시간이 필요하다고 말한다.

케이팝에 관심 있는 사람은 많지만, 해외에 가보면 케이팝을 제대로 알고 배울 기회가 적습니다. 케이팝 학원을 가도 '커버댄스'를 가르치는 정도죠. 해외에서 교육 콘텐츠를 제공하고, 국내로 오는 외국인들을 적극 유인할 계획입니다.

약 2년간 SM유니버스학원을 운영하면서 장 대표가 느꼈던 문제는 크게 두 가지다. 첫째는 케이팝에 적합한 교육자를 찾기 어렵고, 둘째는 한국에 온 외국 학생들의 대학 진학이 어렵다는 점이다.

청소년을 대상으로 한 학원에서는 모든 선생님이 적어도

전문대 이상 학위가 있어야 합니다. <스트릿댄스 걸스 파이터>에서 1등 한 친구가 고등학교 3학년이었는데, 우승 후 학교를 그만뒀어요. 그렇게 뛰어난 친구를 섭외하고 싶었지만, 우리 학원에서는 강사를 할 수가 없어요. 산업 특성과 상관없이 무조건 학위가 있어야 하기 때문이죠. 케이팝의 특성에 맞게 기준이 생겨야 합니다. 대학을 나오지 않았어도 청소년을 가르칠 수 있는 다른 기술이나 교육을 받게 하는 방법도 있겠죠.

케이팝만 보고 한국에 온 외국인 학생들의 미래를 보장해주지 못한다는 문제도 있다.

최근 한류비자* 신설을 정부에 건의해 긍정적으로 논의되고 있습니다. 문제는 이 친구들이 자국의 교육을 포기하고 온다는 겁니다. 외국인 연습생 학부모들이 걱정하는 건 데뷔하지 못하더라도 한국에서 일을 할 수 있는지, 한국 대학에 진학할 수 있는지예요. 아이돌이 아니더라도 한국 콘텐츠를 생산할 능력을 배운다면 학창 시절을 포기할 가치

---

* 케이팝 등 한류를 배우러 올 수 있는 단기 체류 비자.

가 있습니다. 그런데 자국의 검정고시를 합격하더라도 한국 대학은 진학할 수 없다고 합니다. 이런 규제들은 완화할 필요가 있어요. 세계의 우수한 인재를 모으기 위해서는 케이팝을 기반으로 여러 진로를 제시해주어야 합니다.

장 대표는 케이팝이 잠깐의 인기로 끝나지 않기 위해서는 관심이 사라지기 전에 케이팝 문화와 콘텐츠를 확장해야 한다고 생각한다. 이를 통해 데뷔하지 못한 연습생들의 문제도 해결할 수 있다고 본다.

앞으로는 지역적으로 확대되는 게 중요해요. 케이팝도 다양한 형태로 새로운 길을 찾아야 합니다. 여기서 SM유니버스의 역할은 케이팝 산업에 대한 교육과정을 표준화하고, 해외로 확대하는 일입니다.

이는 단순히 관련 '학과'가 많아진다고 해결되는 건 아니다. 여러 대학교에서 케이팝 학과를 신설하는 추세지만, 현실은 실용음악과의 2순위로 여겨지기 때문이다. 실용음악 학원을 운영하는 한 관계자는 이렇게 말한다.

케이팝이 붙어 있으면 외국인 입학생을 끌어들이기 좋습

니다. 그래서 대학교에서 우후죽순 학과를 만들지만, 커리큘럼이나 교수진이 제대로 정립돼 있지 않습니다. 또 여기에 입학한다고 해서 데뷔할 수 있는 것도 아니고요. 그렇다 보니 국내에서는 실용음악과 입시에 실패한 학생들이 지원하는 차선책으로 인식되기도 합니다.

케이팝에 종사하기 위해 한국으로 입국하는 외국인은 점점 증가하는 추세다. 통계청에 따르면 E-6(예술흥행) 비자를 발급받아 국내에 입국한 외국인은 2021년 22만 571명, 2022년 41만 2,948명, 2023년 47만 9,768명이다. 2024년 8월에만 6만 명 이상이 입국했다.

이들의 국적도 눈여겨볼 만하다. 2023년 기준 국적 비중은 중국, 베트남, 태국 순으로 많다. 이들 국가가 전체의 절반 이상을 차지한다. 즉, 아시아 청년들이 한국으로 유입되는 양상이다. 일각에서는 이를 문화 산업의 신식민주의로 해석하기도 한다. 아시아의 젊은이들을 동원해 우리나라의 케이팝 산업을 유지하는 시스템이기 때문이다.

한편으로는 케이팝의 겉모습을 보고 유입된 이들에게 '다른 길'을 제시해주는 것도 필요하다. 학창 시절을 모두 바쳐 아이돌을 준비하지만, 데뷔하지 못한 이들이 선택할 수 있는 길은 거의 없는 것이 현실이다. 케이팝 산업의 규모가 점점 커지는 만큼 종사할 수 있는 다양한 '길'이 생겨야 한다.

'공장형 시스템'을 바꾸려는 정치권의 공감대

 여성 가수 출신의 첫 국회의원. 제22대 국회 비례대표로 당선된 김재원 의원은 명실공히 국내 '히트' 가수였다. 본명보다 '리아'로 더 잘 알려진 김 의원은 엔터업계의 문제를 해결하겠다는 의지가 남다르다. 부조리를 직접 경험한 당사자이기 때문이다. 김 의원을 만나 엔터업계가 직면한 문제를 들어보았다.

"이제야 이야기할 기회가 왔다고 생각합니다"

 김 의원은 1997년 '리아'라는 이름으로 데뷔했다. TV 프로그램에 출연해 이름을 먼저 알린 뒤 1집을 내 큰 인기를 얻었다. 히트곡도 여러 개다. 익히 알려진 〈눈물〉은 그의 메가 히트곡이다. 김 의원은 2010년대 말까지 음원을 발매하며 오랫동안 팬들의 사랑을 받았다. 1990년대부터 업계에 있었던 그는 정산을 제대로 받지 못했다고 말한다.

정산을 못 받았죠. 당연히 정산서도 받지 못했습니다. 소속사가 저 몰래 이중계약을 한 적도 있었습니다. 제 서명을 위조해 차용증을 쓴 적도 있었어요. 소속사와의 관계에서는 제가 항상 '을'이었습니다. 계약상 분배 조건은 앨범 손익분기점 이후, 행사 등도 필요 경비를 제외하고 5 대 5였는데도 소속사 대표는 3층짜리 집을 지었는데, 저는 계속 전셋집에 살았습니다.

소속사를 옮긴 이후에도 문제는 계속됐다. 본인도 모르는 사이 출연 계약이 맺어졌고, 역시 정산서를 받은 적은 한 번도 없었다. 명성을 얻어도 가수는 언제나 '을'이었다.

가수 리아는 이제 김재원 국회의원이 됐다. 그가 정치계에 입문한 이유도 동료, 후배를 위한 법을 만들기 위해서다.

저는 가수 출신, 그것도 여성이기 때문에 편견을 받았습니다. 깰 수 없는 유리천장이 존재한다는 걸 매 순간 느꼈죠. '딴따라가 무엇을 알겠느냐'고 보는 시선이 있습니다. 그러나 제가 살아오면서 내내 생각하고 있었던 문제들이고, 이제야 이야기할 기회가 왔다고 생각합니다. 그동안은 그 누구도 저에게 어떤 철학을 가졌는지 물어본 적이 없었으니까요.

'20년 병폐'를 풀어내는 정치적 접근

김 의원이 주목하고 있는 케이팝업계의 문제는 '어린 나이에 데뷔하는 아이돌'이다.

저는 스무 살에 데뷔했지만, 지금은 같은 나이에 데뷔 못해요. 아예 데뷔를 안 시켜요. 회사들이 10대를 데뷔시키기 시작한 게 2000년 중반 이후예요. 그런데 이런 문제들에 대해서 사회적 논의나 깊은 고민이 없었습니다. 어린 남자와 어린 여자를 섹시하게 포장해 성적인 차원으로 판매하는 게 아닌지, 그걸 위해 고혹적인 자태와 포즈를 열한 살에서 열두 살 아이들이 배우고, 그게 예뻐 보이는 줄 일고 카메라를 들이대죠. 네다섯 살 아이들이 TV를 보고 그런 것들을 좇아가는 게 과연 좋은 것인가 생각하게 됩니다.

김 의원 역시 가수 활동을 하면서 정신적 고통을 겪었다. 지금의 '연습생'들 역시 같다고 생각한다. 고민하고 창작하는 일이 숙명인 예술가에게 '훈련된 감정'을 강요하기 때문이다.

대중예술인은 훈련된 감정만을 표출해야 하기에 다른 일은 아무것도 못 하고, 공부도 못 하고, 사랑도 못 하고, 감정에도 솔직하면 안 됩니다. 그럼 예술의 질도 떨어질 수밖에 없어요. 노동계에서도 주 5일제를 도입했고, 개인 시간을 더 많이 가질수록 생산성이 더 높아진다고 이야기하잖아요. 예술가들은 더더욱 그렇습니다. 제가 활동할 때나 지금이나 그 부분은 간과되어왔습니다.

자연스레 교육 문제도 따라온다.

아이돌 육성 시스템에서 교육과 연습을 어떻게 병행할 것인지도 문제입니다. 다만 해결책을 제시하는 것은 정말 힘들어요. 이런 산업의 형태가 벌써 20년은 유지돼왔어요. 그런 시스템에 의해서 지금의 케이팝 산업이 만들어졌기 때문에 그 시스템을 아무도 바꾸려 하지 않습니다.

김 의원은 지금의 공장형 시스템이 계속되어서는 안 된다고 강조한다.

산업이 조금 더 고차원으로 나아가야 한다고 생각합니다. 1개월마다 신곡을 내고, 망하면 수십 억 빚이 생기고, 성공하면 그간의 문제를 잊는 그런 시스템이어선 안 됩니다. 전부 돈으로 메꿀 수 있다고 생각하면 결국 BTS 이후의 시장은 없는 겁니다.

다양한 아티스트가 나오기 위해서는 산업의 기반도 있어야 한다. 규제도 필요하지만, 산업을 육성하는 지원이 필요하다는 것. 그래서 김 의원은 문화예술 분야 예산을 확보하기 위해 노력할 계획이다. 특히 국내시장뿐 아니라 해외시장에 진출할 수 있는 육성 정책을 만드는 게 목표다.

표준계약서도 살펴볼 예정이다. 표준계약서에 대한 공정성 논란은 지금도 진행형이다. 2024년 9월 뉴진스 팬클럽 버니즈는 다음과 같은 내용으로 국회 문화체육관광위원회에 표준계약서 개정 등을 요구했다.

아이돌 그룹의 다수가 미성년자를 포함하고 있고, 연습생 기간을 거치며 취약한 지위를 악용당할 수 있는 점을 고려하여 이에 대한 예방과 아이돌의 권리를 대형 기획사로부터 보호하고 강화하는 내용이 반영되어야 합니다.

김 의원은 그간 겪었던 현장의 문제를 '입법'으로 풀어낼 계획이다.

건강한 연예 생태계를 어떻게 조성할 수 있을지 오래전부터 고민했습니다. 표준계약서도 살펴볼 예정입니다. 저도 가수 생활을 하면서 표준계약서를 작성해봤습니다. 그러나 실질적 사항은 전부 부속합의서에 들어가게 돼 있습니다. 계약 공증 제도 도입 등 문제를 해결할 수 있는 방안들을 고민하고 있습니다. 물론 저 혼자 할 수 있는 일이 아니기 때문에 다른 의원들을 설득하는 일도 필요합니다.

산업 생태계 변화를 향한 의지

최근 정치권의 노력도 돋보인다. 아이돌 인권 보호를 위한 〈대중문화예술산업발전법〉 개정안도 다수 발의되고 있다.

2025년 3월 강유정 의원 등 국회의원 14명은 '연예인 인문학 교육법(〈대중문화예술산업발전법〉 일부 개정법률안)'을 발의했다. 주요 내용은 소속 연예인이 인문교육을 받을 수 있도록 소속사가 의무적으로 필요한 조치를 해야 한다는 것이다. 기존 성매매, 성희롱 등 예방 교육에 '인문교육'도 추가되는 거다. 연예인들은 어린 나이부터 연예계에 입문해 엄격한 평가, 치열한 경쟁으로 심리적 압박을 받는다. 이런 환경에서 인문교육을 통해 건강한 자아존중감과 가치관을 세울 수 있도록 꾀하는 것이다.

같은 시기 〈대중문화예술산업발전법〉 시행령 개정안도 입법 예고됐다. 문체부는 연 1회 이상 정산 내역과 함께 근거가 되는 '회계 내역'도 소속 연예인들에게 제공하게 하는 시행령 개정안을 내놨다.

민형배 의원 등 국회의원 11명도 〈대중문화예술산업발전법〉 개정안을 발의했는데, 청소년 대중문화예술인의 인권 보호를 위해 인권교육 등을 의무화·구체화한 게 요지다.

정치권에서 아이돌 생태계가 바뀌어야 한다는 공감대가 형성되고 있는 것으로 보인다. 다만 선진적인 개정안이 여럿 발의되지만, 법안이 '통과'돼 시행되는 것은 하늘의 별 따기다. 정부 한 관계자는 "엔터사들의 로비가 어마어마하다. 이 때문에 정부에서 쉽게 무엇을 할 수 없다"라고 전했다. 업계 관계자도 이렇게 귀띔했다. "처음에는 호의적이던 의원실도 어느 순간 입장이 바뀐다. 그러면 통과가 안 되는 거다. 엔터사 소속 대관對官 담당자들이 다녀가면 의원실이 달라진다." 이런 우려에 김 의원은 이렇게 답했다.

> 아이돌이 등장하기 시작한 2000년대 중반부터 아티스트나 현장에 있는 사람들끼리는 다들 이런 얘기를 했죠. 초기에 잡아야 했는데 아무도 잡지 않고 이렇게 흘러왔습니다. 이제 앞으로 어떻게 할 것이냐의 문제가 있습니다. 법 제정도 안 되고, 정부에서는 지원이나 이런 부분에 대한 방향성 자체가 아예 없죠. 어떻게 고칠 것이냐 이런 부분에 대해서 제가 이야기를 해야 하는 거죠.

이제 케이팝은 전 세계가 함께 즐기는 세계적 대중문화로 자리 잡았다. 그러나 그 찬란한 성과 이면에는 학업과 일상을 포기하고, 감정까지 통제당하며 '상품'으로 길러지는 아이들이 있다.

케이팝이 지속 가능한 방향으로 나아가기 위해서는, 아티스트가 소모되는 방식이 아니라 성장할 수 있는 환경을 만들어야 한다. 이를 위해 케이팝이라는 거대한 산업을 단순히 '돈'의 논리로만 해석하는 시각을 걷어내고 진짜 내부자들의 목소리를 기록했다. 대중을 시작으로 업계 종사자, 팬, 그리고 아이돌 스스로의 인식도 바뀌어야 한다. 제도와 법이 바뀌고, 문화까지 함께 바뀔 때 케이팝은 더 나은 산업이자 자랑스러운 문화로 나아갈 수 있을 것이다.

에필로그

모든 이들의 용기와 목소리가 모인다면

2024년 9월, 서울 여의도 국회의원회관에서 아이돌의 인권을 이야기하는 토론회가 열렸다. 이날 국회 토론회 최초로 아이돌이 직접 참석해 증언자로 나섰다. 오래전부터 제기되어온 케이팝 산업의 문제를 '당사자'가 직접 증언하는 자리였다. 이른 시간, 토론회장에는 긴장과 기대가 교차했다. 아이돌 당사자와 엔터업계 관계자, 연구자, 국회의원으로 가득 찬 공간은 공개적으로 다뤄지지 않았던 이야기를 듣게 될 시간 앞에서 조용히 숨을 고르고 있었다.

첫 번째 증언에 나선 아이돌은 데뷔 당시 계약금 300만 원뿐이었다며, 7년 동안 아이돌 생활을 하면서 대부분의 아이돌이 의식주를 해결할 수 없다고 토로했다. 1퍼센트의 아이돌을 제외하면, 데뷔 후에도 부모님에게 돈을 빌리며 살아가야 한다는 거다. 그는 일정 월급을 지급하는 등 최소한의 경제적 보장이 이루어져야 한다고 주장했다.

두 번째 증언자 아이돌은 아이돌 생활이 '인형'과도 같다고 증언했다. 핸드폰도 지갑도 없이 세상과 차단된 상태에서 살아야 했다는 거다. 모든 결정이 회사에 달려 있었기 때문에 아이돌이 자생력을 갖출 수 없다는 점도 지적했다.

마지막 증언자로 나선 아이돌은 비전문적인 아이돌 육성 시스템에 대해 이야기했다. 그는 전문성 없는 직원들이 여러 연습생을 관리하고 다양한 역할을 맡으면서 문제가 발생한다고 말했다. 아이들에게 비현실적인 다이어트를 요구하거나 잘못된 지식을 알려주는 등 전문적 교육이 부재하다는 거다. 이런 까닭에 어린 연습생들은 불면증을 겪고, 월경을 하지 않는 등 신체와 정신에 모두 부정적인 경험을 한다고 지적했다.

나는 기자로서 토론회에 참여해 그간의 취재기를 이야기했다. 특히 정부가 연습생 규모조차 정확히 파악하지 못하고 있으며, 문체부와 교육부 자료는 업계 등록 업체의 자발적 답변에만 의존하고 있다는 점을 지적했다. 또 미국 캘리포니아주 아동노동법과 같이 실질적 보호장치

마련이 필요하다고 강조했다.

  학계와 법조계에서도 아이돌 산업 문제에 목소리를 높였다. 토론자로 나선 한 교수는 아이돌을 둘러싼 인권 문제가 여전히 구조적으로 방치되고 있다며 규제 방안에 대해 구체적 논의가 진행되어야 한다고 주장했다. 한 변호사 역시 아이돌은 소속사가 투자금을 회수할 때까지 급여를 받지 못해 생계유지가 불가능하다며, 법적으로 설명되지 않는 구조라고 분석했다. 특수한 동업 관계라고 하지만 사실상 권력적 상하 관계에 있고, 일반 근로자보다도 그 양상이 훨씬 강력하다는 거다.

  국가인권위원회 관계자 역시 아이돌 연습생의 수면권, 휴식권, 학습권이 여전히 침해되고 있다며 신체적 체벌도 빈번하게 발생한다고 말했다. 그는 2022년에 국가인권위원회가 이러한 인권 침해 사례에 대해 시정 권고를 했지만, 크게 반영되지 않았다며 관련 법 개정이 꼭 필요한 상황이라고 말했다.

  문체부 관계자는 엔터테인먼트 산업의 외형적 성장에 비해 인식이 변하지 않았다며 장기적인 성장을 위해선 환경의 변화가 필요하다고 지적했다. 그러면서 정부 부처로서 제도와 환경을 지속해서 개선해나가겠다는 의지를 표명했다.

참석자들은 서로의 발언 하나하나에 숨죽이며 귀를 기울였다. 아이돌 산업을 무대로 삼은 성공담 이면에, 그동안 외면되어온 문제를 마주하는 순간이었다. 각 분야의 사람들이 모여 아이돌 시스템 전반에 대한 문제를 증언하고, 지적해 개선하자는 뜻이 모였다.

토론회에 참석한 국회의원들의 약속도 이어졌다. 토론회를 끝까지 방청한 한 국회의원은 일단 사람이 살고 봐야 한다며, 〈대중문화예술산업발전법〉 개정안을 꼭 통과시켜 최소한의 생존권 보장을 하겠다고 약속했다.

결국 2024년 12월 31일, 청소년 대중문화예술인의 학습권과 건강권을 보호할 수 있는 내용이 담긴 〈대중문화예술산업발전법〉 개정안이 국회 본회의를 통과했다. 개정안에는 청소년 예술인에 대한 보호 방안뿐 아니라 소속사의 미정산 등 불공정행위에 대해 규제할 수 있는 장치를 두었다. 이후 2025년 3월, 또 한번 개정돼 기획사의 등록 요건이 더 강화되고, 정부가 대중문화예술산업 종사자와 관련 계약 실태조사를 정기적으로 시행하도록 개선됐다. 이는 결코 한 사람의 노력만으로 만들어진 것이 아니다. 모든 이들의 용기와 목소리가 밑거름이 되었다.

이제 케이팝은 단순한 산업의 범주를 넘어, 전 세계가 주목하는 하나의 문화가 되었다. 이 기록이 작게나마 의미 있는 변화를 끌어낼 수 있기를 바란다.
　지금, 이 순간에도 연습 중일 아이돌과, 그들이 되기를 꿈꾸는 이들에게 조금 더 안전한 환경이 만들어지기를 바라며.

부록

표준계약서 독소조항 파헤치기

    중요한 건 실전이다. 연습생, 아이돌이 계약할 때 어떤 부분을 유의해야 할까? 문체부에서 고시한 청소년 대중문화예술인(연습생) 표준 부속합의서, 연습생 표준전속계약서, 가수 표준전속계약서를 노종언 변호사와 함께 살펴봤다.

    노 변호사는 표준계약서에도 불합리한 조항이 많다고 지적했다. 그 이유로는 표준계약서를 논의할 때 '가수'를 대표하는 기관은 참여하지 않기 때문이라고 말했다. 실제로 공청회 등 문체부가 주도하는 표준계약서 제정·개정 작업에는 엔터사나 학계, 법조계 등 인사가 참여하지만, 가수나 연습생 등 당사자를 대변할 수 있는 단체는 참여하지 않는다.

2025년 9월부터 시행되는 개정된 〈대중문화예술산업발전법〉에도 "문화체육관광부장관은 제1항에 따른 표준계약서를 제정 또는 개정하는 경우에 관련 사업자단체 등 이해관계자와 전문가의 의견을 들어야 하고, 제18조에 따라 실시한 실태조사의 결과를 반영하여야 한다"고 명시됐을 뿐이다. '연예계 단체'라고 불리는 곳은 많지만, 이들은 대다수가 기획사를 대변하는 단체다. 그렇다 보니 개정된 내용이 오히려 아이돌의 이익을 더 침해하는 방향으로 가기도 한다.

기획사와 계약을 맺을 때는 기존 표준계약서에 있는 불리한 내용뿐 아니라 표준계약서와 다른 부분도 살펴봐야 한다. 소형 기획사뿐 아니라 대형 기획사 역시 기획사에게만 일방적으로 유리한 조항들을 삽입하는 경우가 많다.

청소년 대중문화예술인(또는 연습생) 표준 부속합의서

〈청소년 대중문화예술인(또는 연습생) 표준 부속합의서〉는 미성년자인 경우 전속계약서와 함께 맺어야 하는 합의서다. 2019년 3월 제정됐다. 청소년이 보호받아야 하는 부분을 규정해놓은 것이 핵심 내용이다. 즉, 기획사가 청소년 아티스트를 위해 '지켜야 하는' 부분인 셈이다.

노 변호사는 부속합의서의 가장 큰 문제는 '노력해야 한다'는 문구가 많은 점이라고 꼽았다. 기획사의 '의무'가 아닌 노력으로 완화했다는 거다.

대법원 판례상으로도 '노력해야 한다'는 조항은 법적 강제력이 없다. 지켜도 되고 안 지켜도 된다는 의미다. 기획사의 의무인 조항은 '노력해야 한다'고 명시하면서 부담을 낮췄다.

실제로 '노력해야 한다'는 조항만으로는 법적 의무를 강제하기 어렵다는 판례도 있다. 해당 판례는 주식 매각 계약에서 대주주가 협력 요청을 거부한 것을 두고, 민법 제150조 제1항의 '조건 성취 방해행위'에 해당하는지가 쟁점이 된 사안이다. 주주 간 계약서에는 "종속회사에 대한 지분비율을 현재와 같이 그대로 유지하도록 노력하여야 한다"고 명시돼 있었는데, 법원은 계약상 "노력하여야 한다"는 표현이 반드시 특정 결과를 달성할 절대적 의무를 의미하는 것은 아니며, 성실한 협력의 정도에 따라 판단해야 한다고 보았다.

특히 대법원은 단순한 협조 거절이 곧바로 신의칙 위반이나 조건의 방해행위가 되지 않고, 실제로 조건 성취를 불가능하게 했는지 여부까지 구체적·종합적으로 검토해야 한다고 강조했다. 다음은 대법원 판결문 일부 내용이다.

어떠한 의무를 부담하는 내용의 기재가 있는 문면에 '최대한 노력하겠습니다' '최대한 협조한다' 또는 '노력하여야 한다'고 기재되어 있는 경우, 특별한 사정이 없는 한 당사자가 위와 같은 문구를 기재한 의미는 문면 그 자체로 볼 때 그러한 의무를 법적으로는 부담할 수 없지만 사정이 허락하는 한 그 이행을 사실상 하겠다는 취지로 해석함이 타당하다. 당사자가 그러한 표시행위에 의하여 나타내려고 한 의사는 그 문구를 포함한 전체의 문언을 고려하여 해석해야 하는데, 그러한 의무를 법률상 부담하겠다는 의사였다면 굳이 위와 같은 문구를 사용할 필요가 없고, 위와 같은 문구를 삽입하였다면 그 문구를 의미 없는 것으로 볼 수 없기 때문이다. 다만 계약서의 전체적인 문구 내용, 계약의 체결 경위, 당사자가 계약을 체결함으로써 달성하려는 목적과 진정한 의사, 당사자에게 의무가 부과되었다고 볼 경우 이행가능성이 있는 것인지 여부 등을 종합적으로 고려하여 당사자가 그러한 의무를 법률상 부담할 의사였다고 볼 만한 특별한 사정이 인정되는 경우에는 위와 같은 문구에도 불구하고 법적으로 구속력이 있는 의무로 보아야 한다(대법원 2018다223054 판결).

청소년 대중문화예술인(또는 연습생) 표준 부속합의서

문화체육관광부
문화체육관광부고시
제2019-0010호
(2019. 03. 04. 제정)

[대중문화예술기획업자]   [와, 과]
[대중문화예술인(또는 연습생)]   (본명 :   )[는, 은]
다음과 같이 합의서를 체결함에 있어 상호 신의성실로써 이를 이행한다.

제1조 (목적) 이 부속합의서의 목적은 대중문화예술기획업자(이하 '기획업자'라 한다)와 청소년 대중문화예술인(또는 청소년 연습생, 이하 '대중문화예술인'이라 한다) 사이에 _____ (이하 '주계약'이라 한다)을 체결함에 있어서 청소년의 권익을 보다 명확하게 보호하고 청소년이 건전한 인격체로 성장할 수 있도록 지원하는 데 필요한 사항을 정하는 것에 있다.

(중략)

제4조 (청소년의 학습권 보장) ① 기획업자는 대중문화예술인이 「교육기본법」 제8조에 따른 의무교육을 받을 권리를 보장하여야 한다.
② 기획업자는 대중문화예술인이 의무교육 외의 「초·중등교육법」에 따른 학교교육을 받을 것을 원할 경우 이에 협조하여야 한다.

(중략)

제7조 (청소년의 수면권 및 휴식권 보장) 기획업자는 대중문화예술인

이 적절한 휴식과 수면시간을 보장받을 수 있도록 대중문화예술제작업자와 협의하는 등 제반조치를 하는 데 노력하여야 한다.

> ⇨ **노 변호사**: "보장해야 한다"로 수정되어야 한다. 적절한 휴식과 수면 시간은 청소년에게 필수다. "수면 시간 최소 6시간" 등 최소 휴식 시간 등을 보장하고, 명시해야 한다.

제8조 (청소년의 대중문화예술용역 제공시간) ① 기획업자는 아래 〈표〉에 규정된 바에 따라 대중문화예술인이 대중문화예술용역을 제공할 수 있도록 대중문화예술제작업자와 협의하는 등 제반 조치를 하는데 노력하여야 한다.

> ⇨ **노 변호사**: "협의"가 아닌 "제공하는 등"으로 수정해야 한다. 용역 시간 등을 늘리더라도 용역 제공시간 제한은 지켜야 하는 의무 조항으로 두어야 한다.

〈표〉 청소년의 대중문화예술용역 제공시간 제한

구분	대중문화예술용역 제공시간 제한	대중문화예술용역 제공시간 제한
15세 미만의 청소년	• 주당 35시간 이내	• 오후 10시에서 오전 6시까지 금지 　• 단, 용역 제공일의 다음 날이 학교의 휴일인 경우에는 청소년과 법정대리인의 동의하에 자정까지 제공 가능
15세 이상의 청소년	• 주당 40시간 이내 　• 단, 청소년이 합의할 경우에는 1일 1시간, 1주일 6시간 한도 연장 가능	• 오후 10시부터 오전 6시까지 금지 　• 단, 청소년과 법정대리인이 동의하는 경우에는 오후 10시에서 오전 6시 사이에도 제공 가능

※ 「대중문화예술산업발전법」의 청소년 대중문화예술용역 제공시간 제한에 관한 규정이 개정 될 경우 위 〈표〉는 개정 내용에 따른다.

② 국외 활동을 위한 이동, 장거리 이동 등 정당한 사유가 있는 경우에는 제1항의 〈표〉에 따른 대중문화예술용역 제공시간에 관한 제한을 적용하지 않는다. 다만, 이 경우에도 기획업자는 제4조 및 제7조에 의한 대중문화예술인의 학습권, 휴식권, 수면권이 보장될 수 있도록 노력하여야 한다.

⇨ **노 변호사:** "보장해야 한다"로 수정되어야 한다. 현재 조항은 법적인 의무가 없다.

(이하 생략)

대중문화예술분야 연습생 표준계약서

〈대중문화예술분야 연습생 표준계약서〉는 데뷔 전 연습생 기간에 맺는 계약서다. 2019년 9월에 제정됐다. 일부 기획사에서는 연습생 계약서를 작성하지 않고 연습생을 두거나, 편법으로 아티스트 표준전속계약서로 계약한 후 연습생으로 두는 경우도 있다. 연습생 계약 기간은 3년을 초과할 수 없다.

데뷔시켜줄 생각이 없더라도 투자받기 위해 연습생을 두거나 '위약금'을 받아낼 목적으로 연습생 계약을 해지해주지 않는 경우도 많다. 이를 방지하기 위해서는 연습생 계약에서부터 꼼꼼히 따져봐야 한다. 해당 계약서도 노 변호사와 자세히 살펴보자.

대중문화예술분야 연습생 표준계약서

문화체육관광부
문화체육관광부고시
제2019-0040호
(2019. 09. 29. 제정)

[대중문화예술기획업자]　　　　(이하 '기획업자'라 한다)[와, 과]
[연습생]　　　　　　　　　　(이하 '연습생'이라 한다)[는, 은]
다음과 같이 연습생 계약을 체결함에 있어 상호 신의성실로써 이를 이행한다.

제1장 총칙

제1조 (목적 및 정의) ① 이 계약의 목적은 기획업자와 연습생이 상호 발전을 위해 적극적으로 협력하는 것을 전제로, 기획업자는 연습생의 재능과 자질이 최대한 발휘될 수 있도록 훈련제공 등의 투자를 하며, 연습생은 기획업자가 제공하는 훈련 등에 충실히 임하고 자기개발을 위해 노력함으로써 상호 발전과 이익을 도모하는 데 있다.
② 이 계약에서 "연습생"이란 대중문화예술용역을 제공할 의사를 가지고 대중문화예술인의 직업수행에 필요한 능력의 습득·향상을 목적으로 하는 훈련을 제공받기 위하여 기획업자와 계약을 체결하는 사람을 말한다.

제2조 (계약기간) ① 이 계약의 계약기간은
_____년 _____월 _____일부터 _____년 ___월 ____일까지
(_____년 _____개월)로 한다.

부록 。 표준계약서 독소조항 파헤치기

② 제1항에 따른 계약기간은 3년을 초과할 수 없다.
③ 이 계약의 적용범위는 대한민국을 포함한 전 세계 지역으로 한다.

제3조 (기획업자의 권한 및 의무) ① 기획업자는 연습생이 대중문화예술인으로 성장하는 데 필요한 훈련(예를 들어, 연기, 보컬, 안무 등을 말하며, 이하 '훈련활동'이라 한다)을 연습생에게 제공하며, 이 계약에 따른 연습생의 의무를 성실히 이행할 것을 연습생에게 요청할 수 있다.
② 기획업자는 이 계약에 따른 연습생의 의무 이외에 연습생의 사생활이나 인격권을 침해하거나 침해할 우려가 있는 행위를 요구하여서는 아니 되며, 부당한 금품을 요구하여서도 아니 된다.

> ⇨ **노 변호사:** "부당한 금품"이라는 표현만으로는 불확실하다. "소속사는 연습생 훈련에 필요한 직간접 비용과 관련하여 부당한 금품을 요구하여서는 안 된다"는 등 명확한 내용으로 수정해야 한다. 연습생 트레이닝에 필요한 레슨 비용을 연습생에게 전가할 수 있기 때문이다. 특히 중소 기획사의 경우 연습생에게 비용을 일부 전가하는 경우도 있다. 소속사 대표가 트레이너를 소개해주고, 일부 금액은 대표가 가로채는 경우도 있다.

③ 기획업자는 이 계약에 따른 연습생의 훈련활동을 제3자가 침해하거나 방해하는 경우 그 침해나 방해를 배제하기 위해 필요한 조치를 취하여야 한다.
④ 기획업자는 연습생에게 극도의 우울증세 등이 발견될 경우, 연습생의 동의하에 적절한 치료 등을 지원할 수 있다.

> **노 변호사:** "극도의"라는 표현을 삭제해야 한다. 애초에 표준계약서에 이런 단어를 넣은 것 자체가 문제다. "극도의 우울증세"라는 개념을 법적으로 규정하기는 어렵다. 병이 있으면 치료받을 수 있는 권리가 보장될 수 있게 조항을 수정해야 한다.

⑤ 기획업자는 연습생의 사전 서면동의를 얻은 후 이 계약상 권리 또는 지위의 전부 또는 일부를 제3자에게 양도할 수 있다.

(중략)

제5조 (훈련활동 비용의 관리) ① 기획업자는 연습생의 훈련활동에 소요된 직접비용(이하 '훈련활동직접비'라 한다)을 연습생별로 분리하여 계상·관리하고 회계장부를 따로 작성하여야 한다.
② 훈련활동직접비의 범위는 기획업자와 연습생이 상호 협의하여 정한다. 단, 훈련활동직접비에는 기획업자의 경영활동을 위한 비용을 포함할 수 없다.

> **노 변호사:** 계약상 강자인 소속사가 실질적으로 모두 정하게 된다. 그렇다면 계약서에 "훈련활동직접비"의 카테고리를 자세히 나누어야 한다. 해당 항목을 구체화해야 한다.

③ 2인 이상의 연습생에게 동시에 투자된 비용의 경우(예를 들어 단체훈련 등), 연습생별로 균등 배분하여 적용하는 것을 원칙으로 하되, 해당 연습생의 동의를 받아서 달리 적용할 수 있다.
④ 기획업자는 연습생에게 훈련활동직접비 회계내역을 연 2회 (_____월, _____월) 통보하여야 한다.
⑤ 기획업자는 연습생의 요구가 있는 경우에는 제4항에도 불구하고 훈련활동직접비 회계내역을 지체 없이 연습생에게 제공하여야 한다.

⑥ 기획업자는 연습생의 훈련활동에 소요되는 모든 비용을 원칙적으로 부담한다. 다만, 기획업자와 연습생이 전속계약을 체결하게 되는 경우 연습생의 대중문화예술용역 제공에 따른 수익에서 훈련활동직접비를 공제할 수 있다. 이 경우 공제여부 및 방법은 기획업자와 연습생이 별도로 협의하여 정한다.

(이하 생략)

대중문화예술인(가수중심) 표준전속계약서

〈대중문화예술인(가수중심) 표준전속계약서〉는 지난 2018년 제정 이후 2024년 6월에 일부 개정됐다. 문체부는 이를 개정하면서 기획사의 상표권 남용을 방지하고, 탬퍼링 유인을 낮췄다고 밝혔다. 그런데 이상한 점이 있다. 이전 표준전속계약서보다 개정된 계약서가 아이돌의 상표권 권리를 더 축소했다.

노 변호사는 "본래 표준전속계약서에 따르면 그룹 이름을 포함한 가수의 이름은 계약 기간이 종료된 후 가수에게 이전하게 돼 있었다. 그런데 개정안에서는 달라졌다. 그룹의 이름이 사실상 기획사에게 권리가 가도록 한 것이다. 기존 계약서에서 상표권에 대한 내용이 불분명하다고 해서 개정한 것인데, 오히려 가수에게 독소조항이 된 거다. 아티스트의 권리 보호보다 소속사의 권리를 우선하는 형태로 바뀌었다고 볼 수 있다"고 지적했다.

퍼블리시티권 역시 기존에는 계약이 종료된 후 기획사의 권리가 소멸되는 형태였지만, 개정안에는 합의 후 기획사가 계속 사용 가능하게 했다. 실제로 대형 기획사들은 처음 맺는 표준전속계약서 안에 "계약 종료 이후에도 회사의 업무와 관련하여 회사가 그 판단에 따라 퍼블리시티권 행사와 제3자에게 재허락하는 권리를 행사하는 것에 동의한다"는 등의 내용을 담고 있었다. 이 외에도 기획사에 유리한 권한을 계약 종료 후에도 허락해야 한다는 내용을 포함하고 있다.

그렇다면 개정안 세부를 예전 조문과 비교해 살펴보자. 이하에서 검정 글씨가 예전 조문, 화살표로 표시된 파란색 글씨가 개정안이다. 관련한 주요 내용은 고딕체로 표기했다.

'제8조 (상표권 등)' 개정 내용

"'기획업자'는 계약기간 중 본명, 예명, 애칭을 포함하여 '가수'의 모든 성명, 사진, 초상, 필적, 기타 '가수'의 동일성identity을 나타내는 일체의 것을 사용하여 상표 및 디자인을 개발할 수 있으며, 이를 '기획업자'의 업무 또는

'가수'의 대중문화예술용역에 이용(제3자에 대한 라이선스 포함)하기 위해 '기획업자'의 이름으로 상표등록 또는 디자인등록을 할 수 있다."

⇨ "① 계약기간 중 '기획업자'는 자신의 명의로 '가수'의 성명(본명, 예명, 애칭, 그룹명 등 포함), 사진, 초상, 필적, 음성 기타 '가수'의 동일성identity을 나타내는 일체의 것을 사용하여 상표 및 디자인을 개발, 출원·등록할 수 있다.
② '기획업자'는 제1항에 따라 취득한 상표권 또는 디자인권을 '기획업자'의 업무 또는 '가수'의 대중문화예술용역상 이용(제3자에 대한 라이선스 포함)에 한정하여 사용하여야 한다."

"다만 계약기간이 종료된 이후에 '기획업자'는 전단에 따라 등록한 상표권 및 디자인권을 '가수'에게 이전하여야 하며,"

⇨ "③ 계약종료 시, '기획업자'는 제1항에 따라 취득한 상표권 또는 디자인권을 다음 각 호와 같이 이전한다. 단, 합의에 의하여 달리 정할 수 있다.

> 1. '가수'가 그룹의 일원으로 활동한 경우: '기획업자'와 그룹 구성원 간 합의된 내용에 따라 권리 이전한다.
> 2. '가수'가 단독으로 활동한 경우: '가수'에게 권리 이전한다. 다만 '가수'는 자신의 의사에 의하여 권리 이전을 포기할 수 있다."

"'기획업자'가 상표 및 디자인 개발에 상당한 비용을 투자하는 등 특별한 기여를 한 경우에는 '가수'에게 정당한 대가를 요구할 수 있다."

⇨ "④ '기획업자'가 상표 및 디자인 개발에 상당한 비용을 투자하는 등 특별한 기여를 한 경우 제3항에 의한 권리 양도 시, '기획업자'는 '가수'에게 그에 대한 적절한 대가를 요구할 수 있다. 다만, '기획업자'는 '가수'와 정산 시 본문의 대가를 이미 공제한 경우, 이를 다시 요구할 수 없다."

'제9조 (퍼블리시티권 등)' 개정 내용

"① '기획업자'는 계약기간에 한하여 본명, 예명, 애칭을 포함하여 '가수'의 모든 성명, 사진, 초상, 필적, 음성, 기타 '가수'의 동일성identity을 나타내는 일체의 것을 '가수'의 대중문화예술용역 또는 '기획업자'의 업무와 관련하여 이용할 수 있는 권한을 가지며,"

⇨ "① 본 계약을 통하여 형성되는 '가수'의 성명(본명, 예명, 애칭, 그룹명 등 포함), 사진, 초상, 필적, 음성 기타 '가수'의 동일성identity을 나타내는 일체의 것을 상업적으로 이용할 수 있는 재산적 권리 및 그에 관한 인격적 권리는 '가수'에게 있으며, '기획업자'와 '가수' 간 별도로 합의된 내용이 없는 한 '기획업자'는 계약기간에 한하여 이를 '가수'의 대중문화예술용역 또는 '기획업자'의 업무와 관련하여 배타적으로 이용할 수 있는 권한을 갖는다."

"계약기간이 종료되면 그 이용권한은 즉시 소멸된다."

⇨ "② 제1항에 따른 '기획업자'의 권한은 계약기간 종료와 동시에 소멸한다. 다만, 계약기간 종료 이후에도 '기획업자'가 제1항에 따른 재산적 권리를 이용하고자 할 때에는 '가수'와 사전에 서면으로 합의하여야 한다."

'제15조 (계약의 해제 또는 해지)' 개정 내용

"② '기획업자'가 계약내용에 따른 자신의 의무를 충실히 이행하고 있음에도 불구하고, '가수'가 계약기간 도중에 계약을 일방적으로 파기할 목적으로 계약상의 내용을 위반한 경우에는 '가수'는 제1항의 손해배상과는 별도로 계약해지 당시를 기준으로 직전 2년간의 월평균 매출액에 계약 잔여기간 개월 수를 곱한 금액('가수'의 대중문화예술용역 기간이 2년 미만인 경우에는 실제 매출이 발생한 기간의 월평균 매출액에서 잔여기간 개월 수를 곱한 금액)을 위약벌로 '기획업자'에게 지급한다. 이 경우 계약 잔여기간은 제3조 제3항의 규정이 적용되는 경우가 아닌 한, 제3조 제1항에 따른 계약기간이 7년을 초과하는 경우에는 7년을 초과한 기간은 계약 잔여기간에서 제외한다."

⇨ "② '기획업자'가 계약내용에 따른 자신의 의무를 충실히 이행하고 있음에도 불구하고, '가수'가 계약기간 도중에 계약을 일방적으로 파기할 목적으로 계약상의 내용을 위반한 경우에는 '가수'는 제1항의 손해배상과는 별도로 계약해지 당시를 기준으로 직전 2년간의 월평균 매출에 계약 잔여기간 개월 수를 곱한 금액('가수'의 대중문화예술용역 기간이 2년 미만

인 경우에는 실제 매출이 발생한 기간의 월평균 매출액에서 잔여기간 개월 수를 곱한 금액)을 위약벌로 '기획업자'에게 지급한다."